간종현 저

칸앤칸 리듬독해

2011년 3월 3일 초판 1쇄 인쇄
2011년 3월 9일 초판 1쇄 발행

저 자 간종현
펴낸이 정정례
펴낸곳 삼영서관
디자인 디자인클립

주소 서울 동대문구 답십리1동 469-9 1F
전화 02) 2242-3668 팩스 02) 2242-3669
홈페이지 www.sysk.kr
이메일 sysk@paran.com
등록일 1978년 9월 18일
등록번호 제1-261호

ISBN 978-89-7318-343-2 13740

책값 12,000원

*파본은 교환하여 드립니다.

칸앤칸

리듬독해

READING in RHYTHM

간종현 저

No more long Sentences!
긴 문장은 짧게!

No more Complex Sentences!
복잡한 문장은 간단히!

Give me Just 3 months!
3개월이면 복잡한 문장도 정확하게 해석할 수 있다!

Samyoung Publishing House

머리말

P·R·E·F·A·C·E

영어는 작은 문제이다.

우리가 인생을 살아가면서 영어에 대한 능력은 어떤 사람들에게는 아주 중요한 부분이지만, 대부분의 사람들에게 있어서 그것은 아주 작은 부분이다. 불행히도 상업주의가 개입되어서 마치 영어를 잘하면 만사형통이고 그렇지 못하면 만사먹통인 것처럼 인식이 되어져 있는 것은 영어를 가르치는 저자의 입장에서 보더라도 답답하다. 저자의 지론으로 국가가 발전하기 위해서는

1. 국어 교육
2. 수학 교육
3. 과학 교육

그리고 외국어로서 영어는 그 다음에 일이다.

그러나 현실은 초등영어는 말할 것도 없고 심지어는 영어 유치원까지 즐비하다. 제 나라 말도 능숙하지 않은 상황에서 무슨 외국어에 그렇게 몰두를 한단 말인가?

저자가 직접 50~60점대의 낮은 점수를 받는 학생들을 상대로 본 교육을 실시했을 때 4개월 이내에 아무리 길고 복잡한 문장도 정확하게 해석을 못하는 학생이 없었으며, 또한 6개월 이내에 능숙해 지지 않는 학생을 본적이 없다.

영어뿐만 아니라 무엇이든지 잘하는 것이 좋겠지만, 그 시간과 비용을 줄여서 다른 것들도 섭렵할 기회를 아이들에게 주는 것은 더욱 중요하다.

영어교육의 학습효율을 높이고, 학습기간을 줄이는 것이 시급하도고 중요하다.

"칸앤칸 리듬독해"는 "칸앤칸 영문독해비법"을 기반으로 하여 영어를 우리말로 바로 읽는 방법을 개발하였으며, 실제로 교실에서 적용하면서 보강 개발을 하여 성과를 보았던바 그 효과가 지대하게 나타나고 있다.

저자는 이에 힘입어 방송에서도 그 학습법을 강의하며, 많은 분들의 호응을 얻고 있다.

방송용 동영상 강의는 3D(입체영상)와 2D로 제작되었으며, DVD로도 제작되었고, 또한 홈페이지에서도 수강이 가능하도록 하여 영어를 공부하는 분들이 불편없이 영어를 짧은 시간에 습득할 수 있도록 모든 준비가 되어 있다.

마지막으로 학습법의 효과를 인정하여 방송을 담당해주신 TCN의 제작진들과 교재 출판을 기꺼이 담당해주신 삼영서관에 무한한 감사를 드리며, 본 학습법으로 공부하신 분들도 곧 같은 효과를 거두게 될 것을 믿어 의심치 않는다.

칸앤칸 리듬독해의 특징

누구나 말을 할 때나, 글을 읽을 때에 자연스럽게 의미상 끊어읽기를 하게 되는데, 본 교재는 의미 전달이 잘 되도록 리듬에 맞추어 구성되었다. 특히 배우는 입장에서도 본인이 직접 교재를 작성도 할 수 있도록 기본 원칙을 정하였고, 동영상 강의도 모두 그 원칙에 따라 PPT를 활용하여 구성하였다.

따라서 리듬독해를 공부하면서 독해-영작-회화가 자연스럽게 동시에 해결될 수 있고, 이것이 바로 영어를 한국어처럼 읽을 수 있게 해주는 원동력이 될 것이다.

특징

1. 시각적으로 구성하여 교재를 훑어보는 것만으로도 이해가 완전하게 된다.
2. 긴 문장과 복잡해 보이던 문장이 간결하게 처리된다.
3. 리듬에 맞추어 읽기만 하여도 해석이 자연스럽게 된다.
4. 학생이 직접 리듬독해 교재를 만들 수 있도록 원칙을 제공하였다.
5. 뛰어난 표현으로 된 명언들을 활용하여 감성적인 표현을 익히도록 하였다.

공부 방법

1. 독해 : 교재를 읽는 것만으로도 독해가 자연스럽게 된다.
2. 영작 : 해석부분을 활용하여 영작 훈련이 된다.
3. Speaking : 해석 부분을 영어로 바로 표현하며 말하기 훈련을 한다.
4. 스터디 그룹을 이루어 동시통역 훈련을 할 수 있도록 구성하였다.

목차

Lecture 1	강좌 특징	007
Lecture 2	흐르는 물처럼 리듬독해	021
Lecture 3	문장의 종류	029
Lecture 4	고 1 수준의 문장	039
Lecture 5	수능 수준	049
Lecture 6	문장 판단법	059
Lecture 7	문장 판단법 2	067
Lecture 8	접속사 위치	075
Lecture 9	부호	081
Lecture 10	중문 판단 훈련	087
Lecture 11	복문 판단 훈련	095
Lecture 12	해석 방향	105
Lecture 13	품사간 수식관계	115
Lecture 14	단문의 구조	121
Lecture 15	문장 구성요소 (판단법 전체)	125
Lecture 16	주어 판단법	129
Lecture 17	주어 판단 훈련	139
Lecture 18	동사 시제 (능동태)	149
Lecture 19	동사 판단 훈련	157
Lecture 20	동사시제 (수동태)	165
Lecture 21	사역동사 / 지각동사	175
Lecture 22	주어 보어 목적어 판단법	183
Lecture 23	목적격 보어 판단법	193
Lecture 24	끊어 읽기	203
Lecture 25	단문 해석 공식	217
Lecture 26	절의 해석 공식	231
Lecture 27	관계사절 해석 공식	241
Lecture 28	that절 해석	249
Lecture 29	준동사	259
Lecture 30	to부정사	273

R·E·A·D·I·N·G·I·N·R·H·Y·T·H·M

Lecture 1
강좌 특징

Lecture Target

❶ 강의 패턴을 알아본다.
❷ 강좌의 차별성을 알아본다.
❸ 문장의 발달과정을 알아본다.

Lecture 1　01　강좌 특징

❶ 문장의 구조가 한 눈에 보인다.

문장은 보는 순간 파악이 되어야 한다. 본 강의는 문장의 기본 구조를 리듬독해화하여 반복적으로 학습함으로써 짧은 기간 내에 문장을 보는 순간 구조가 한 눈에 보인다.

❷ 긴 문장이 짧게 보인다.

구별, 절별 끊어읽기를 반복적으로 보여줌으로 해서 긴 문장이 사라진다.

❸ 복잡한 문장이 간단하게 보인다.

엄격한 끊어읽기로 언뜻 보기에 복잡해 보이는 문장도 의외로 간단하게 보인다.

❹ 9개의 간단한 공식으로 모든 문장이 해석된다.

영어 문장의 구조는 간명하여 해석공식으로 만들기에 아주 적합하다. 하늘의 별처럼 많은 문장들이 해석 구조상 단 9개이며 그 기본 원리는 하나에서 출발하며, 어떤 문장도 이 공식들로 해석이 안되는 문장은 없다.

❺ 단어 암기법을 익히게 된다.

무작정 단어를 열심히 외우는 것은 기특하지만 능률이 떨어져 좀 지겹다는 생각이 들고 거기다가 잘 잊어 버려서 속상하다. 그러나 연상기억법을 활용하면 명쾌하게 외워지고 기억이 오래가며, 혹시 잊어버리는 경우에도 회복이 쉽다.

❻ 영작과 회화에 결정적인 도움을 준다.

정확한 해석은 영작의 기본이다. 더구나 리듬을 타면서 읽고 해석한 문장들은 문장의 구조 자체를 익히게 되어 영작을 할 때 결정적인 역할을 하게 된다. 의역을 하게 되면 영작을 공부할 경우에는 처음부터 모든 것을 다시 시작해야 한다.

02 Scan & Get

① 문장 판단법 : 긴 문장을 짧게 보는 방법

우리가 영어 문장을 대할 때 어렵다는 느낌을 갖는 첫 번째 이유는 긴 문장이다. 문장이 길어 보일 때 마음이 무거워 지는 건 어쩔 수 없는 제일감이다. 그러나 문장 판단법을 통하여 보면 긴 문장은 전혀 긴 문장이 아니고 다만 길어 보이는 문장이 될 것이다.

② 끊어 읽기 : 복잡한 문장을 간단하게 보는 방법

문법조으로 복잡해 보이는 문장 또한 일견 만만해 보이지는 않는다. 그러나 끊어 읽기라는 막강한 친구를 동원하면 아마 피식 웃음이 절로 나올 것이다. 문장 자체가 문제가 아니라 보는 눈과 판단력이 부족하면 복잡해 보이는 것이다.

③ 문장의 구조 : 올 곳에 올 것이 와야 한다.

영어 문장을 전에는 구문론으로 이해하려고 했으며 그리하여 따지는 것도 많고, 외워야 할 것도 부지기수여서 안개 속인지 아니면 어둠 속인지 헤매기가 일쑤였다. 그러나 구조론에서는 다만 순서만을 가리는 순간 모든 문장이 마치 불을 켜고 보는 것처럼 간명하게 모습을 드러낸다.
즉, 보는 순간 판단이 서고 읽는 순간 해석이 된다.

④ 해석 공식 : 간단한 해석공식 9개로 모두 해결

한 가지 문제를 해결하는 데 한 가지 방법을 동원하고, 세 문제는 세 개의 방법을. 그리고 백 가지는 백 개의 방법이 동원 된다면 이는 영어를 배우는 것이 악몽이 된다. 리듬독해는 한심할 정도로 간단한 단 9개의 해석 공식이면 해석 안될 문장이 하늘 아래에는 없다. 만약 이것들로 해석이 잘 안 된다면, 이유는 두 가지이다. 하나는 하품이 나올 정도의 쉬운 9개 밖에 안되는 공식들 조차 제대로 외우지 않았거나, 그 문장이 틀린 경우뿐이다.

⑤ 리듬 독해 : 물 흐르듯 바로 우리말로 읽는 방법

얼핏 듣기에 얼마나 그럴듯하고 매력적인 말인가? 그러나 원칙을 준수하고 훈련이 되어 있을 때의 이야기이다. 다행히 위로가 되고 희망적인 부분은 원칙이 단순하고 개수가 적으며, 따라서 별로 악을 쓰고 골머리를 싸매지 않아도 될 만큼 간명하게 집약 정리를 해 놓았으므로 배우지 못하고 익히지도 못하고, 활용하지도 못할 말도 안되는 그런 기적은 결코 일어나지 않는다. 저자가 백 번을 강조 하고 싶은 말은 "대들어라, 그리고 결과를 즐겨라, 그것도 짧은 기간내에"라는 말이다. 유식하게 영어로 표현하자면, "No tries, no gains."이다.
아무리 맛있는 음식도 숟가락을 들어야 먹을 수 있지 쳐다보기만 한다고 내 뱃속에 들어 가겠는가?

Lecture 1
03 해석 순서 기본 6 원칙

① 전문을 읽는다.

일단 죽이 되든 밥이 되든 문장은 읽어 봐야 한다. 읽어 봐야, 하든지 말든지 할 것이니까……그리고 잊지 말 것은 문장은 사람이 쓴 것이며, 남들이 알아보지 못하게 암호로 쓴 것이 아니라 될 수 있으면 이해하기 쉽도록 쓰려고 저자가 온갖 애를 쓴 것이므로 근본적으로 쉽다.

② 동사와 접속사를 구분한다.

영어는 동사 중심어이며, 동사의 수가 문장의 수이다. 즉 동사가 하나이면 문장이 하나, 동사가 열 개면 문장도 열 개이다. 또한 문장과 문장을 연결해 주는 것이 접속사이므로 "접속사는 동사 −1"

③ 문장의 종류를 구분한다.

문장의 종류는 단문, 중문, 복문, 혼문의 네 가지 뿐이며, 기본은 단문이고 나머지는 두 개 이상의 단문이 어떤 접속사(등위, 종속)로 연결되었느냐에 따라 이름을 달리 할 뿐이다. 마치 같은 자료를 넣은 매운탕에 조기를 넣으면 조기 매운탕, 오징어를 넣으면 오징어 매운탕이라고 부르는 이치와 같다.

④ 구별, 절별로 묶고 해석한다.

길거나, 복잡하거나 혹은 길고 복잡해 보이는 어떤 문장도 짧고 간단하게 보는 확실한 해결책이다. "문장 판단법"과 "끊어읽기"에서 그 원칙과 훈련을 하게 되며, 이것이 본서의 핵심이다.

⑤ 해석 공식에 맞추어 해석한다.

해석공식은 수가 적고(9개) 원리는 간단하다. (1개) 한 번 배우고 잊어 버리는 일은 절대 없다. 그 다음에 할 일은 열심히 무식하게 그것들을 지키기만 하면 된다. 그리고 반드시 펜으로 써서 해석해야 한다. 이것은 권고 사항이 아니라 명령이다.

⑥ 전문을 다시 읽는다.

모두 해석이 끝났으면 제대로 되었는지 전문을 다시 한 번 읽으면서 감상한다.

> **필자주** 첫 글자를 따서 "전동문 구해전"으로 암기해 두며, 본 순서는 빼먹거나 순서를 바꾸는 일이 없어야 한다. 이는 오랜 세월을 학생들에게 지도하고 효과를 측정하며 결론이 난 것이다.

04 일반적인 설명과 리듬독해 설명 방식의 차이

Lecture 1

1 접속사의 일반적 정의

등위접속사 : 대등한 단어, 구, 절을 연결해 주는 접속사

종속접속사 : 종속된 의미를 가진 절을 연결해 주는 접속사

학문적으로는 구구절절이 옳은 말이지만 실제 문장에서 보면 두 개 이상이 대등한지, 아니면 종속된 의미인지는 정확하게 해석하고, 분석해야 한다. 영어 문장 하나를 읽고 이해하는데 이렇게 거창하고 학문적이고, 분석적인 방법이 동원되어야 한다면 책은 언제 읽고, 대화는 어떻게 해야 한단 말인가? 보는 순간 알고 판단이 서야 한다.

2 접속사의 리듬 독해적 정의

등위 접속사 : and, or, but, so, for, while

종속 접속사 : 나머지 30여 개

등위접속사는 단 5개, while은 등위로도 쓰일 때가 있고, 종속으로 쓰일 때도 있다. 그리고 나머지는 모두 종속 접속사인데, 그 수는 약 30여 개이며, A4용지로 한 페이지이다. 이런 식으로 구분하면 어떤 수준의 학생이라도 보는 순간 구분 못 할 이유가 없다.

Lecture 1
05 시각적 설명, 쉬운 이해

❶ to부정사 명사적 용법의 일반적 정의

정의 : to + 동사원형 문장에서 주어, 목적어, 보어로 쓰인 경우

예문 : ....

너무 거창하다, 시각적으로 아래와 같이 단순하게 보는 순간 판단할 수 있다.

---

to부정사 명사적 용법의 리듬독해적 정의

| to - | + 동사 : 100% |

Be + to - = ~것 : 100%
         = ~것 : Be to 용법

일반 + to - = ~것 : 100%
          = ~것 : 부사 용법

영어 문장은 품사의 나열이다, to부정사를 기준으로 앞이나 뒤에 무엇이 왔느냐가 판단 기준이 된다.

Examples

❶ To know is one thing; to teach is another.

❷ To make something done depends on your preference.

❸ My dream is to live in peace.

❹ Firstly, you are to find out what you can do.

❺ Everyone wants to look nice to others.

❻ Sometimes you should stop to think that you are going on your way.

어휘 depend 달려 있다   preference 선호도   find out 알아 내다

해석 1. 아는 것은 한가지 일이다; 그리고 가르치는 것은 또 다른 일이다.

해설 To know와 to teach가 동사 is 앞에 왔으므로 주어로 쓰였으며, 주어로 쓰인 것은 명사적 용법이다.

해석 2. 무엇인가를 되도록 만드는 것은 당신의 선호도에 달려 있다.
해설 To make 이하가 동사 depends 앞에 왔으므로 주어로 쓰였으며, 주어로 쓰인 것은 명사적 용법이다.

해석 3. 나의 꿈은 평화롭게 사는 것이다.
해설 to live가 동사 뒤에 왔는데 해석을 해보면 [사는 것]으로 해야 타당함으로 명사적 용법이다.

해석 4. 우선, 당신은 당신이 무엇을 할 수 있는지를 알아내야 한다.
해설 동사 뒤에 온 to find out이 [~것으로] 해석되면 어색하다. 그러므로 Be to 용법이 되는데, 그 중에서도 해석의 타당성은 의무인 [~해야 한다]가 적당하다.

해석 5. 모든 사람들은 다른 사람들에게 멋지게 보이기를 원한다.
해설 want 다음에 온 to look이 [~를]로 해석 되므로 명사적 용법이다.

해석 6. 때때로 당신은 당신이 당신의 길을 가고 있는 중인지를 생각하기 위해서 멈추는 것이 좋다.
해설 stop 다음에 오는 to부정사는 [~하기 위해서]의 부사적 용법 중에 목적에 해당된다.

06 문장의 종류

Lecture 1

문장의 종류는 하늘의 별처럼 많은 것이 아니라 오직 4개밖에 없다. 만약 저자가 제시하는 문장의 종류 이외에 어떤 다른 것을 발견했다면, 그 문장은 틀린 것이다.

단문		주어	+ 동사			
중문	단문 +	등위	+ 단문			
중문	단문 +	종속	+ 단문			
중문	단문 +	등위	+ 단문 +	종속	+ 단문	

모든 문장은 중학교 1학년 1학기 문장인 단문을 기본으로 하고 나머지는 발달 형태이다. 단문을 제외한 어떠한 문장들, 즉 중문, 복문, 혼문은 두 개 이상의 단문이 접속사로 연결된 것이며 표에서 보듯이 접속사의 종류에 따라 문장의 이름이 달라지지만 결국은 단문의 연결일 뿐이다. 그러므로 단문을 알면, 모든 문장을 아는 것이다.

Lecture 1 07 문장의 구조

아무리 길어 보이고, 아무리 복잡해 보이는 문장들도 구조상으로 본다면 구조는 단 한 개 뿐이며 나머지는 약간의 변형일 뿐이다. 다음의 어순은 반드시 지켜지며 아니면 **Broken English**가 된다.

주어	동사	목적어	보어	수식어
명사	Be 동사	명사	명사	부사
명사구	일반동사	명사구	형용사	부사구
명사절		명사절	동명사	부사절
대명사		대명사	to부정사	
동명사		동명사	과거분사	
to부정사		to부정사		

이 문장의 순서는 반드시 지켜 지고, 지켜 지지 않으면 틀린 문장이다.
다만 수식어인 부사는 주어 앞에 와서 도치, 문장 중간에 들어가서 삽입으로 쓰이는 약간의 위치적 자유를 누릴 수 있을 뿐 다른 것들은 요지 부동이다.
누가 영어 문장이 복잡하다고 했는가?

Lecture 1 08 단문의 발달

아래 주어진 두 개의 큰 차이가 있어 보이는 문장들은 같은 문장의 형태이나 다만 수식어들이 붙어서 길어 진 것 뿐이다.

확장
1. 단어에 수식어가 붙은 것 * "품사간 수식관계"에서 자세히 학습
2. 4차선 도로가 8차선으로 확장

연장
1. 문장 뒤에 추가 설명이 붙은 것
2. 100km 도로가 200km로 연장

He is a doctor.

↓

Dr. Brown announcing a new and epoch-making remedy for liver cancer is a fine doctor having practiced at the Johns Hopkins General Hospital in Baltimore for about 20 years as a liver cancer specialist.

발달 과정

1. He is a doctor.
2. He is a fine doctor.
3. He is a fine doctor having practiced.
4. He is a fine doctor having practiced at the Johns Hopkins General Hospital.
5. He is a fine doctor having practiced at the Johns Hopkins General Hospital in Baltimore.
6. He is a fine doctor having practiced at the Johns Hopkins General Hospital in Baltimore for about 20 years.
7. He is a fine doctor having practiced at the Johns Hopkins General Hospital in Baltimore for about 20 years as a liver cancer specialist.
8. Dr. Brown is a fine doctor having practiced at the Johns Hopkins General Hospital in Baltimore for about 20 years as a liver cancer specialist.
9. Dr. Brown announcing is a fine doctor having practiced at the Johns Hopkins General Hospital in Baltimore for about 20 years as a liver cancer specialist.
10. Dr. Brown announcing a new and epoch-making remedy is a fine doctor having practiced at the Johns Hopkins General Hospital in Baltimore for about 20 years as a liver cancer specialist.
11. Dr. Brown announcing a new and epoch-making remedy for liver cancer is a fine doctor having practiced at the Johns Hopkins General Hospital in Baltimore for about 20 years as a liver cancer specialist.

어휘 announce 발표하다   epoch-making 획기적인   remedy 치료제   liver 간   cancer 암
practice 전문직에 종사하다   specialist 전문의

<해석> 1. 그는 의사이다.
2. 그는 훌륭한 의사이다.
3. 그는 지금까지 근무해 온 훌륭한 의사이다.
4. 그는 지금까지 존스 홉킨스 종합병원에서 근무해 온 훌륭한 의사이다.
5. 그는 지금까지 볼티모어에 있는 존스 홉킨스 종합병원에서 근무해 온 훌륭한 의사이다.
6. 그는 약 20년 동안 지금까지 볼티모어에 있는 존스 홉킨스 종합병원에서 근무해 온 훌륭한 의사이다.
7. 그는 간암 전문의로써 약 20년 동안 지금까지 볼티모어에 있는 존스 홉킨스 종합병원에서 근무해 온 훌륭한 의사이다.
8. 닥터 브라운은 간암 전문의로써 약 20년 동안 지금까지 볼티모어에 있는 존스 홉킨스 종합병원에서 근무해 온 훌륭한 의사이다.
9. 발표 중인 닥터 브라운은 간암 전문의로써 약 20년 동안 지금까지 볼티모어에 있는 존스 홉킨스 종합병원에서 근무해 온 훌륭한 의사이다.
10. 새로운 획기적인 치료제를 발표 중인 닥터 브라운은 간암 전문의로써 약 20년 동안 지금까지 볼티모어에 있는 존스 홉킨스 종합병원에서 근무해 온 훌륭한 의사이다.
11. 간암을 위한 새로운 획기적인 치료제를 발표 중인 닥터 브라운은 간암 전문의로써 약 20년 동안 지금까지 볼티모어에 있는 존스 홉킨스 종합병원에서 근무해 온 훌륭한 의사이다.

이래도 이해가 되지 않는 경우가 있을까? 아마 이해가 안된다면 기적이다.

He is a doctor.

↓

Dr. Brown announcing a new and epoch-making remedy for liver cancer is a fine doctor having practiced at the Johns Hopkins General Hospital in Baltimore for about 20 years as a liver cancer specialist.

발전되는 과정을 순서대로 보면 해석도 쉽고, 수식관계도 잘 이해가 되고 또한 어쩌면 영작도 이렇게 하면 될 것이라는 느낌이 들 것이다. 이런 방식으로 영작을 위한 교재가 저자가 이미 저술한 "영작의 기술"이다.

09 중문의 발달

Lecture 1

중문도 단문과 마찬가지로 두 개 이상의 간단한 단문이 발달되고 등위접속사(and, or, but, so, for)로 연결 된 것 뿐이다. 우리가 만나는 모든 단문을 등위접속사로 묶기만 하면 바로 중문이다.

I am Korean, and he is Korean, too.

↓

That gentleman talking to a lady in a black dress is an able and successful Korean businessman in the electronics field, and another gentleman drinking some champagne alone at the terrace is an able and successful Korean businessman in the electronics field, too.

1. I am a businessman.
2. I am a Korean businessman.
3. I am an able Korean businessman.
4. I am an able and successful Korean businessman.
5. I am an able and successful Korean businessman in the electronics field.
6. He is an able and successful Korean businessman in the electronics field.
7. That gentleman is an able and successful Korean businessman in the electronics field.
8. That gentleman talking to a lady is an able and successful Korean businessman in the electronics field.
9. That gentleman talking to a lady in a black dress is an able and successful Korean businessman in the electronics field.
10. He is a businessman.
11. He is a Korean businessman.
12. He is an able Korean businessman.
13. He is an able and successful Korean businessman.
14. He is an able and successful Korean businessman in the electronics field.
15. Another gentleman is an able and successful Korean businessman in the electronics field.
16. Another gentleman drinking some champagne is an able and successful Korean businessman in the electronics field.
17. Another gentleman drinking some champagne alone is an able and successful Korean businessman in the electronics field.

18. Another gentleman drinking some champagne alone at the terrace is an able and successful Korean businessman in the electronics field.

19. Another gentleman drinking some champagne alone at the terrace is an able and successful Korean businessman in the electronics field, too.

어휘 champagne 샴페인   terrace 테라스   electronics filed 전자공학 분야

해석
1. 나는 사업가이다.
2. 나는 한국인 사업가이다.
3. 나는 능력있는 한국인 사업가이다.
4. 나는 능력있고 성공한 한국인 사업가이다.
5. 나는 전자공학분야에서 능력있고 성공한 한국인 사업가이다.
6. 그는 전자공학분야에서 능력있고 성공한 한국인 사업가이다.
7. 저 신사는 전자공학분야에서 능력있고 성공한 한국인 사업가이다.
8. 한 여성과 대화 중인 저 신사는 능력있고 성공한 한국인 사업가이다.
9. 검은 드레스를 입은 한 여성과 대화 중인 저 신사는 능력있고 성공한 한국인 사업가이다.
10. 검은 드레스를 입은 한 여성과 대화 중인 저 신사는 전자공학분야에서 능력있고 성공한 한국인 사업가이다.
11. 그는 사업가이다.
12. 그는 한국인 사업가이다.
13. 그는 능력있는 한국인 사업가이다.
14. 그는 능력있고 성공한 한국인 사업가이다.
15. 그는 전자공학분야에서 능력있고 성공한 한국인 사업가이다.
16. 또 다른 신사는 전자공학분야에서 능력있고 성공한 한국인 사업가이다.
17. 혼자서 샴페인을 마시고 있는 저 신사는 전자공학분야에서 능력있고 성공한 한국인 사업가이다.
18. 테라스에서 혼자 샴페인을 마시고 있는 또 다른 신사도 또한 전자공학분야에서 능력있고 성공한 한국인 사업가이다.

단문의 경우와 마찬가지로 너무도 쉽고, 또한 너무도 눈에 쉽게 들어온다.
해석이 안된다는 기적같은 한탄은 이제 곧 여러분의 입술에 더 이상 붙어있지 않을 것이다.

I am Korean, and he is Korean, too.

That gentleman talking to a lady in a black dress is an able and successful Korean businessman in the electronics field, and another gentleman drinking some champagne alone at the terrace is an able and successful Korean businessman in the electronics field, too.

10 복문의 발달

문자적 정의로 본다면 그야말로 복잡한 문장(Complex Sentence)이다. 그러나 역시나 다만 두 개 이상의 단문이 종속접속사로 연결된 것 뿐이며, 따라서 단문을 여러 개 해석한다고 보면 된다.

She is enjoying the pictures.

↓

My younger sister Nancy is enjoying the pictures of herself which were taken last spring when she visited Seoul with some of her friends which is the capital of Korea that is the most active country in the world with great enthusiasm as the entire world approves rapt in owe.

1. She is enjoying the pictures.
2. My younger sister Nancy is enjoying the pictures.
3. My younger sister Nancy is enjoying the pictures of herself.
4. My younger sister Nancy is enjoying the pictures of herself which were taken last spring.
5. My younger sister Nancy is enjoying the pictures of herself which were taken last spring when she visited Seoul.
6. My younger sister Nancy is enjoying the pictures of herself which were taken last spring when she visited Seoul with some of her friends.
7. My younger sister Nancy is enjoying the pictures of herself which were taken last spring when she visited Seoul with some of her friends which is the capital of Korea.
8. My younger sister Nancy is enjoying the pictures of herself which were taken last spring when she visited Seoul with some of her friends which is the capital of Korea that is the most active country.
9. My younger sister Nancy is enjoying the pictures of herself which were taken last spring when she visited Seoul with some of her friends which is the capital of Korea that is the most active country in the world.
10. My younger sister Nancy is enjoying the pictures of herself which were taken last spring when she visited Seoul with some of her friends which is the capital of Korea that is the most active country in the world with great enthusiasm.
11. My younger sister Nancy is enjoying the pictures of herself which were taken last spring when she visited Seoul with some of her friends which is the capital

of Korea that is the most active country in the world with great enthusiasm as the whole world approves.
12. My younger sister Nancy is enjoying the pictures of herself which were taken last spring when she visited Seoul with some of her friends which is the capital of Korea that is the most active country in the world with great enthusiasm as the whole world approves rapt in owe.

어휘 picture of herself 그녀가 찍힌 사진   take a picture 사진 찍다   capital 수도   active 역동적인   enthusiasm 열정   approve 인정하다   rapt 넋을 잃은   owe 경이로움

해석
1. 그녀는 사진들을 즐기고 있는 중이다.
2. 내 여동생 낸시는 사진들을 즐기고 있는 중이다.
3. 내 여동생 낸시는 그녀의 사진들을 즐기고 있는 중이다.
4. 내 여동생 낸시는 지난 봄에 찍힌 그녀의 사진들을 즐기고 있는 중이다.
5. 내 여동생 낸시는 그녀가 서울을 방문했던 지난 봄에 찍힌 그녀의 사진들을 즐기고 있는 중이다.
6. 내 여동생 낸시는 그녀가 그녀의 몇몇 친구들과 함께 서울을 방문했던 지난 봄에 찍힌 그녀의 사진들을 즐기고 있는 중이다.
7. 내 여동생 낸시는 그녀가 그녀의 몇몇 친구들과 함께 한국의 수도인 서울을 방문했던 지난 봄에 찍힌 그녀의 사진들을 즐기고 있는 중이다.
8. 내 여동생 낸시는 그녀가 그녀의 몇몇 친구들과 함께 가장 역동적인 한국의 수도인 서울을 방문했던 지난 봄에 찍힌 그녀의 사진들을 즐기고 있는 중이다.
9. 내 여동생 낸시는 그녀가 그녀의 몇몇 친구들과 함께 세계에서 가장 역동적인 한국의 수도인 서울을 방문했던 지난 봄에 찍힌 그녀의 사진들을 즐기고 있는 중이다.
10. 내 여동생 낸시는 그녀가 그녀의 몇몇 친구들과 함께 대단한 열정을 가지고 세계에서 가장 역동적인 한국의 수도인 서울을 방문했던 지난 봄에 찍힌 그녀의 사진들을 즐기고 있는 중이다.
11. 내 여동생 낸시는 그녀가 그녀의 몇몇 친구들과 함께 전 세계가 인정하는 것처럼 대단한 열정을 가지고 세계에서 가장 역동적인 한국의 수도인 서울을 방문했던 지난 봄에 찍힌 그녀의 사진들을 즐기고 있는 중이다.
12. 내 여동생 낸시는 그녀가 그녀의 몇몇 친구들과 함께 전 세계가 경이에 넋을 놓고 인정하는 것처럼 대단한 열정을 가지고 세계에서 가장 역동적인 한국의 수도인 서울을 방문했던 지난 봄에 찍힌 그녀의 사진들을 즐기고 있는 중이다.

She is enjoying the pictures.

My younger sister Nancy is enjoying the pictures of herself which were taken last spring when she visited Seoul with some of her friends which is the capital of Korea that is the most active country in the world with great enthusiasm as the entire world approves rapt in owe.

Lecture 2
흐르는 물처럼 리듬독해

Lecture Target

❶ 긴 문장을 짧게 보는 능력을 기른다.
❷ 영어를 우리말로 보는 능력을 기른다.
❸ 시폭(Eye-Span)을 넓힌다.
❹ 영작과 스피킹의 기본을 다진다.

Lecture 2 — 01 리듬독해 교재 만들기

1 동사를 구분한다.
문장에서 동사를 구분하면 문장의 개수가 파악되고 해석에서 60%는 준비가 끝난 것이다.

2 접속사를 구분한다.
접속사(등위접속사, 종속접속사)를 기준으로 절이 구별되며 절은 가장 기본 문장인 단문이 된다. 이로써 모든 문장을 단문으로 이해하게 된다.

3 절별로 나눈다.
절별로 나누면 긴 문장이 사라진다.

4 부호 앞에서 나눈다.
부호는 일단 문장의 끝을 의미하며, 연결접속사는 등위접속사에 해당된다.

5 구별로 나눈다.
단문 부분이 다소 길면, 구별로 구분하여 복잡한 문장을 해결할 수 있다.

6 필요 시에 의미상으로 나눈다.
어느 정도 해석능력이 생기면 길이를 약간 더 길게 의미상으로 나누면 해석이 빨라진다.

Examples

1 A simple lunch could be better than ten years of working relation.

리듬독해 Reading in Rhythm

A simple lunch	간단한 점심식사가
could be better	더 나을 수도 있다
than ten years of working relation.	10년간의 업무관계보다도

어휘 relation 관계

해석 간단한 점심식사가 10년간의 업무관계보다 더 나을 수도 있다.

필자주 돈의 문제가 아니라 정의 문제이다. 정말은 한국사람들은 한 솥밥 먹은 사람들을 유난히 잘 챙긴다. 어지간하면 이해하고 용인해준다. "언제 식사 한번 합시다."라는 말이나 "내가 밥 살게."라는 말은 그야 말로 "난 당신이 마음에 들어."라는 표현과 동의어이다. 때론 지나쳐서 특혜니 뭐니 하는 구설수가 생기지만……

❷ A single rose for the living is more valuable than a costly wreath at the grave.

> **리듬독해 Reading in Rhythm**
>
> | | |
> |---|---|
> | A single rose for the living | 산 사람을 위한 단 한 송이의 장미가 |
> | is more valuable | 더 가치가 있다 |
> | than a costly wreath | 비싼 화환보다도 |
> | at the grave. | 무덤에 있는 |

어휘 the living 살아있는 사람들 valuable 가치있는 costly 비싼 wreath 화환 grave 무덤
해석 산 사람을 위한 단 한 송이의 장미가 무덤에 있는 비싼 화환보다도 더 가치가 있다.
필자주 한번은 미국 라디오에서 퇴근길에 방송에서 흘러나온 말이다. "남편 여러분, 당신의 아내가 병원에 입원할 때까지 기다리지 말고 오늘 당장 꽃을 사서 당신의 아내에게 행복한 저녁을 선사하십시오."

❸ I do not know what I may appear to the world; but to myself I seem to have been only like a boy playing on the sea-shore, and finding a pretty shell.

> **리듬독해 Reading in Rhythm**
>
> | | |
> |---|---|
> | I do not know | 나는 모른다 |
> | what I may appear to the world; | 내가 세상에 어떻게 보일지 |
> | but to myself | 그러나 내 자신에게 |
> | I seem to ~ | 나는 ~ 하는 것처럼 보일 뿐이다 |
> | have been only like a boy | 다만 소년 같았다 |
> | playing on the sea-shore, | 해변에서 놀고 있는 |
> | and finding a pretty shell. | 그리고 예쁜 조개를 발견하는 |

어휘 appear 나타나다, 보이다 seem to ~하는 것처럼 보인다 sea-shore 해변 shell 조개
해석 나는 내가 세상에 어떻게 보일지 모른다; 그러나 내 자신에게 나는 해변에서 놀며 그리고 예쁜 조개를 발견하는 다만 소년같았던 것처럼 보일 뿐이다.
필자주 그 번쩍이는 두뇌를 가지고 살아갔던 뉴톤이 한 말이다.

❹ Four things come not back: the spoken word, the spent arrow, the past, and the neglected opportunity.

> **리듬독해 Reading in Rhythm**
>
> Four things come not back:　　　네 가지 일들은 돌아오지 않는다
> the spoken word,　　　　　　　내 뱉어 진 말
> the spent arrow,　　　　　　　 쏜 화살
> the past,　　　　　　　　　　 과거
> and the neglected opportunity.　 그리고 무시된 기회

어휘 spent 사용된　arrow 화살　past 과거　neglect 무시하다, 태만히 하다　opportunity 기회
해석 네 가지 일들은 돌아오지 않는다: 내 뱉어 진 말, 쏜 화살, 과거, 그리고 무시된 기회.
필자주 후회는 하라, 다만 발전적 미래 계획을 위해서, 그러나 남이 듣게 하지는 마라.

❺ I have learned to seek my happiness by limiting my desires, rather than by attempting to satisfy them.

> **리듬독해 Reading in Rhythm**
>
> I have learned　　　　　　　　　　　　　　　나는 배워 왔다
> to seek my happiness　　　　　　　　　　　　나의 행복을 찾도록
> by limiting my desires,　　　　　　　　　　　나의 욕망을 제한함으로써
> rather than by attempting to satisfy them.　　그것들을 만족시키려고 시도하는 것보다는 오히려

어휘 limit 제한하다　desire 욕망　rather than ~보다는 오히려　satisfy 만족시키다
해석 나는 그것들을 만족시키려고 시도하는 것보다는 오히려 나의 욕망을 제한함으로써 나의 행복을 찾도록 배워 왔다.
필자주 올려다 보면 불행하고, 내려다 보면 행복하며, 옆을 보면 격렬한 경쟁심이 생긴다.

02 Scan & Get

Lecture 2

문장을 한 번 읽고 답을 찾는다.

Examples

❶ The people who took care of him [was / were] very poor.

> 리듬독해 Reading in Rhythm
>
> The people who took care of him   그를 돌봐 주었던 사람들은
> [was / were] very poor.   아주 가난했다

해석 그를 돌봐 주었던 사람들은 아주 가난했다.

해설 took care of의 주어 = who, [was /were]의 주어 = the people이므로 답은 were이 된다.

❷ The number of people who lived in towns [was / were] much smaller than it is today.

> 리듬독해 Reading in Rhythm
>
> The number of people who lived in towns   도시에 사는 사람들의 숫자
> [was / were] much smaller   훨씬 더 적었다
> than it is today.   그것이 오늘날 그런 것보다

해석 도시에 사는 사람들의 숫자는 그것이 오늘날 그런 것보다 훨씬 더 적었다.

해설 lived의 주어 = who, [was /were]의 주어 = the number이므로 답은 단수형태인 was가 된다.
  * a number of = 복수, the number of = 단수

❸ Another reason that students procrastinate is because they feel a subject is (A) [bored / boring] or because they have difficulty concentrating on an assignment.

> 리듬독해 Reading in Rhythm
>
> Another reason that students procrastinate   학생들이 꾸물대는 또 다른 이유는
> is   이다
> because they feel   그들이 느끼기 때문에
> a subject is (A) [bored / boring]   어떤 과목이 지루하다라고
> or because they have difficulty   아니면 그들이 어려움을 가지고 있기 때문에
> concentrating on an assignment.   과제물에 집중하는 데에

어휘 reason 이유   procrastinate 꾸물대다   subject 과목   bored 지루해진   boring 지루한   difficulty 어려움
concentrate 집중하다   assignment 과제물

해석 학생들이 꾸물대는 또 다른 이유는 그들이 어떤 과목이 지루하다라고 느끼기 때문이거나 아니면 그들이 어려움을 가지고 있기 때문이다.

해설 [bored / boring]의 주어가 a subject이므로 사물은 ~ing라는 의미에 따라 답은 boring이 된다.

❹ [Save / To save] the panda, an international wildlife symbol, the Chinese government had a ten-year plan from 1992-2002 to extend this unique creature's sphere.

리듬독해 Reading in Rhythm

[Save / To save] the panda,	팬다곰을 구하기 위해서
an international wildlife symbol,	국제적인 야생동물의 상징
the Chinese government had a ten-year plan	중국정부는 10개년 계획을 가졌었다
from 1992-2002	1992년부터 2002년까지
to extend this unique creature's sphere.	이 특유한 생명체의 구역을 넓히기 위해

어휘 panda 팬다곰   wildlife 야생동물   symbol 상징   extent 넓히다   unique 특유한   creature 피조물
sphere 지역, 범위

해석 국제적인 야생동물의 상징인 팬다곰을 구하기 위해서 중국정부는 이 특유한 생명체의 구역을 넓히기 위해 1992년부터 2002년까지 10개년 계획을 가졌다.

해설 Save = 동사로 쓰이면 had와 함께 동사가 두 개가 됨으로 접속사가 하나 있어야 하다. 그러나 접속사가 없으므로 동사가 오면 안 된다.

❺ When I think of the kindest people I know, all of (C) [them / whom] are in the habit of dishing out compliments.

리듬독해 Reading in Rhythm

When I think of the kindest people	내가 가장 친절한 사람들에 대해서 생각할 때
// I know,	내가 알고 있는 중에서
all of [them / whom] are	그들 모두는 ~이다
in the habit of dishing out compliments.	칭찬을 풍성히 하는 습관에 빠져있는

어휘 habit 습관   dish out 풍성하게 하다   compliment 칭찬

해석 내가 알고 있는 중에서 가장 친절한 사람들에 대해서 생각할 때, 그들 모두는 칭찬을 풍성히 하는 습관에 빠져있다.

해설 I know 앞에 접속사 that이 생략되었으므로 all 이하가 주절이 되기 위해서는 접속사가 없어야 한다.

03 단어 암기법

단어 암기법의 유용성

1. 단어 암기가 잘 된다.
2. 기억이 오래 간다.
3. 재 암기가 쉽다.
4. 단어 암기가 즐거워 진다.
5. 기억 능력 전반에 도움을 준다.

04 단어 암기법의 종류

1. 모양 연상법
2. 파자법
3. 합성어법
4. 이야기 연결법
5. 접두사, 접미사 활용법

발음 연상법

1. 발음상 유사한 것을 활용하는 방법이다.
2. 단어를 소리내어 여러 번 읽어 본다.
3. 영어든 한국어든 연상되는 말을 찾아본다.

암기 단어	해석	암기법
lamentation	한탄	라면 태우고 한탄하다
shelter	피난처	피난가서 쉴 터
nod	끄덕이다	나두 그렇게 생각한다
innocence	순수함	인어공주의 순수함
diplomat	외교관	뒤에서 매듭을 푸는 사람들

파자법

1. 단어를 분리해서 암기하는 방법이다.
2. 잘 아는 단어의 형태로 나눈다.
3. 발음 연상법을 병행 활용한다.

암기 단어	해석	암기법
drain	배수하다	d + rain : 드러운 빗물을 배수하다
grain	곡식	g + rain : 그 비가 키운 곡식
price	가격	p + rice : 쌀 가격
recognize	알아보다	recog + nize : 네 코가 나이스 해서 알아 봤다 ↓ feast
nice	잔치	f + east : 동쪽 동네에서 벌어지고 있는 잔치

합성어법

1. 두 단어 이상을 연결하여 암기한다.
2. 한 단어를 암기하는 것보다 더 능률적일 경우가 많다.
3. 상호 보완 관계가 있다.

암기 단어	해석	암기법
blood transfusion	수혈	blood : 혈액 trans- : 보내다
botanical garden	식물원	botanical : 식물의
chain reaction	연쇄반응	re + action : 반응
the Final Solution	유태인 대학살	solution : 해결책
grab-all	욕심쟁이	grab : 움켜쥐다

Lecture 3

문장의 종류

Lecture Target

❶ 문장의 종류를 한 눈에 파악한다.
❷ 모든 문장을 단문으로 처리한다.
❸ 중, 복문을 절별로 이해하는 능력을 갖춘다.
❹ 긴 문장을 짧게 보는 능력을 갖는다.

Lecture 3　01　문장의 종류

단문	주어 + 동사
중문	단문　등위　단문
복문	단문　종속　단문
혼문	단문　등위　단문　종속　단문

접속사의 종류

등위접속사　and, or, but, so, for
　　　　　　　while(경우에 따라서는 종속접속사로 쓰이기도 한다.)
종속접속사　나머지 30여개
　　　　　　　A4용지 한 장

Lecture 3　02　중 3 수준의 문장들

현행 중 3 수준의 교과서 문장들과 비슷한 수준의 난이도를 가진 문장들로 구성해 보았다.

Examples

❶ A book with good words of wisdom and impressive expressions can make people open their eyes. (단문)

> **리듬독해 Reading in Rhythm**
>
> | | |
> |---|---|
> | A book | 책 |
> | with good words of wisdom | 훌륭한 지혜의 말들이 있는 |
> | and impressive expressions | 인상적인 표현들 |
> | can make people open their eyes. | 사람들로 하여금 그들의 눈을 뜨게 만들 수 있다 |

어휘 wisdom 지혜　wise + dom　express 고속의, 표현하다　expression 표현　* 고속으로 표현하다
해석 훌륭한 지혜의 말들과 인상적인 표현들이 있는 책은 사람들로 하여금 그들의 눈을 뜨게 만들 수 있다.
필자주 우연히 읽은 한 권의 책이, 혹은 우연히 들은 한 마디의 말이 무언가 새로운 결심을 하게 되는 결정적인 역할을 하는 경우가 있다. 그러나 저자의 개인 생활이나 철학은 무시하라. "첫, 저는…" 이라는 생각이 들면 다이어몬드가 유리로 변한다.

❷ Only a single sentence can change common people's lives to special ones. (단문)

리듬독해 Reading in Rhythm

Only a single sentence	오직 단 하나의 문장이
can change common people's lives	평범한 사람들의 인생을 바꿀 수 있다
to special ones.	특별한 것들로

어휘 common 평범한 * 평범한 사람들만 와라 (Come on)
해석 오직 단 하나의 문장이 평범한 사람들의 인생을 특별한 것들로 바꿀 수 있다.

❸ When they are happy, they would remind themselves of their favorable words. (복문)

리듬독해 Reading in Rhythm

When they are happy,	그들이 행복할 때
they would remind themselves	그들은 그들 자신들에게 상기시킬 것이다
of their favorable words.	그들의 가장 좋아하는 말들을

어휘 remind 생각나게 하다 * re + mind = 다시 마음에 두다   favorable 가장 좋아하는 * favor + able
해석 그들이 행복할 때, 그들은 그들 자신들에게 그들의 가장 좋아하는 말들을 상기시킬 것이다.

필자주 〈행복해지는 법〉
행복하게 느끼는 방법은 A4 용지 한 장이면 족하다.
1. 좋아하는 단어 50개를 쓴다.
2. 그냥 천천히 읽어라. 그러면 20단어가 넘어가기 전에 마음의 평온이 찾아온다.
돈이 들거나, 세금이 나오는 것도 아닌 데, 당장 실시해 보도록

❹ When they are down and out, they would get power by reminding great people's life and their will power. (복문)

리듬독해 Reading in Rhythm

When they are down and out,	그들이 지쳤을 때,
they would get power	그들은 힘을 얻게 된다
by reminding great people's life	위대한 사람들의 삶을 상기함으로써
and their will power.	그리고 그들의 의지력을

어휘 down and out 아주 지친   will power 의지력

해석 그들이 지쳤을 때, 그들은 위대한 사람들의 삶과 그들의 의지력을 상기함으로써 힘을 얻게 된다.

필자주 어떤 분야이건 간에 위대했던, 혹은 위대한 사람들은 모두 롤 모델을 마음에 두고, "만약 그 분이라면 ······"라는 가정을 세워 봄으로써 스스로 지혜를 얻는다.

❺ Otherwise, they can be pessimistic or desperate even under simple bad situations which is almost nothing to others' eyes. (복문)

리듬독해 Reading in Rhythm

Otherwise,	그렇지 않으면,
they can be pessimistic or desperate	그들은 비관적이거나 절망할 수 있다
even under simple bad situations	심지어는 단순한 나쁜 상황하에서 조차
which is almost nothing to others' eyes.	다른 사람들 눈에는 거의 아무것도 아닌

어휘 otherwise 그렇지 않으면 pessimistic 비관적인 * 폐쇄된 비관적인 마음 desperate 절망적인 situation 상황 * situation comedy 시트콤 (단막 코미디)

해석 그렇지 않으면, 그들은 다른 사람들 눈에는 거의 아무것도 아닌 심지어는 단순한 나쁜 상황하에서 조차 비관적이거나 절망할 수 있다.

❻ Anyone has to have someone in heart who can be his or her model character. (복문)

리듬독해 Reading in Rhythm

Anyone has to have	어떤 사람이든지 가져야만 한다
someone in heart	마음속에 어떤 사람을
who can be	될 수 있는
his or her model character.	그 혹은 그녀의 모범인물이

어휘 model character 모범인물

해석 어떤 사람이든지 그 혹은 그녀의 모범인물이 될 수 있는 어떤 사람을 마음속에 가져야만 한다.

❼ We can find so many mental leaders in the books who overcame their obstacles and changed any crisis to awesome opportunities. (혼문)

리듬독해 Reading in Rhythm

We can find	우리는 발견할 수 있다
so many mental leaders	아주 많은 정신적 지도자들을

in the books	책들 속에서
who overcame their obstacles	그들의 장애물을 극복한
and changed any crisis	그리고 어떤 위기든지 바꾸어 버린
to awesome opportunities.	경탄스러운 기회들로

어휘 mertal 정신적인 * 맨 날 탈나는 정신 overcome 극복하다 * over + come 난관을 넘어서 오다 obstacle 장애물 * 앞에서 태클 거는 장애물 crisis 위기 * 울고 싶은 위기 awesome = 경이로운 * awe + some = 오, 좀 놀라운데 opportunity 기회 * 앞으로 튀어 나갈 기회

해석 우리는 그들의 장애물을 극복한 그리고 어떤 위기든지 경탄스러운 기회들로 바꾸어 버린 아주 많은 정신적 지도자들을 책들 속에서 발견할 수 있다.

필자주 나를 대단한 사람이라고 생각하는 한 사람만 있으면 그 사람을 실망시키지 말아야 한다. 당신을 우러러 보는 사람은 반드시 있다.

❽ Have you ever looked at nice cars and thought that you want to design that kind of nice cars and nicer ones in the future? (혼문)

리듬독해 Reading in Rhythm

Have you ever looked at nice cars	멋진 차들을 본 적이 있습니까?
and thought	그리고 생각해 본 적이
that you wanted to design	당신이 디자인 하고 싶다고
that kind of nice cars	그런 종류의 멋진 차들
and nicer ones	그리고 더 멋진 것들
in the future?	미래에

어휘 design 설계하다

해석 멋진 차들을 보고 당신이 미래에 그런 종류의 멋진 차들 그리고 더 멋진 것들을 디자인 하고 싶다고 생각해 본 적이 적어 있습니까?

❾ That was what I felt when I was a little boy. (복문)

리듬독해 Reading in Rhythm

That was	그것은 ~이었다
what I felt	내가 느꼈던 것
when I was a little boy.	내가 어린 소년이었을 때

해석 그것이 바로 내가 어린 소년이었을 때 내가 느꼈던 것이었다.

10 And the thought led me to decide to go to university and to major automobile technology. (단문)

리듬독해 Reading in Rhythm

And the thought led me	그리고 그 생각은 나를 이끌었다
to decide to go to university	대학에 가서 결심하게
and to major automobile technology.	자동차 공학을 전공하도록

어휘 led 이끌었다 lead의 과거 decide 결정하다 * 뒤에 쌓아 두라고 결정하다 major 주된, 전공하다 automobile 자동차 technology 공학

해석 그리고 그 생각은 나를 대학에 가서 자동차 공학을 전공하도록 결심하게 이끌었다.

11 I have lived a happy life with my job which was my dream. (복문)

리듬독해 Reading in Rhythm

I have lived a happy life	나는 지금까지 행복한 삶을 살아왔다
with my job	나의 직업으로
which was my dream.	나의 꿈이었던

해석 나는 나의 꿈이었던 직업으로 지금까지 행복한 삶을 살아왔다.

12 I always try to think on the side of customers who want to have well-designed cars at a low price. (복문)

리듬독해 Reading in Rhythm

I always try to think	나는 언제나 생각하려고 애쓴다
on the side of customers	손님의 입장에서
who want to have well-designed cars	잘 설계된 차를 가지고 싶어하는
at a low price.	낮은 가격에

어휘 price 가격 * p + rice = 쌀 가격

해석 나는 언제나 낮은 가격에 잘 설계된 차를 가지고 싶어하는 손님의 입장에서 생각하려고 애쓴다.

⑬ Whenever I see cars which our team designed, and happy look of the customer, I feel rewarding. (복문)

> 리듬독해 Reading in Rhythm
>
> | Whenever I see cars | 내가 차들을 볼 때에는 언제나 |
> | which our team designed, | 우리 팀이 설계한 |
> | and happy look of the customer, | 그리고 고객의 행복한 표정을 |
> | I feel rewarding. | 나는 보람을 느낀다 |

어휘 rewarding 보람 * re + ward 되돌아 오다 ward 방향으로 forward 앞으로 backward 뒤로 toward ~방향으로

해석 나가 우리 팀이 설계한 차들과 고객의 행복한 표정을 볼 때에는 언제나, 나는 보람을 느낀다.

⑭ Thoughtlessly, some people say that we don't like weeds and, what is more, we hate them. (혼문)

> 리듬독해 Reading in Rhythm
>
> | Thoughtlessly, | 생각할 것도 없이 |
> | some people say | 어떤 사람들은 말한다 |
> | that we don't like weeds | 우리가 잡초를 좋아하지 않는다고 |
> | and, | 그리고 |
> | what is more, | 더 더욱 |
> | we hate them. | 우리가 그것들을 싫어한다고 |

해석 생각할 것도 없이, 어떤 사람들은 우리가 잡초를 좋아하지 않는다고 그리고 더 더욱 우리가 그것들을 싫어한다고 말한다.

⑮ Do you agree with them? (단문)

어휘 agree 동의하다 * 억울하지만 동의하다

해석 당신은 그들에게 동의합니까?

16 If you think you agree with them, you are quite wrong. (복문)

> **리듬독해 Reading in Rhythm**
>
> If you think
> // you agree with them,
> you are quite wrong.
>
> 만약 당신이 생각한다면
> 당신이 그들에게 동의한다고
> 당신은 정말 틀렸다

어휘 agree 동의 하다
해석 만약 당신이 그들에게 동의한다고 생각한다면, 당신은 정말 틀렸다.
해설 you agree 앞에 접속사 that이 생략되었다.

17 Let's see what the weeds are to us and how bad they are for our lives. (혼문)

> **리듬독해 Reading in Rhythm**
>
> Let's see
> what the weeds are to us
> and
> how bad they are for our lives.
>
> 한 번 알아 봅시다
> 잡초들이 우리에게 무엇인지
> 그리고
> 그들이 우리 삶에 얼마나 나쁜지

어휘 weed 잡초 * 위대한 잡초
해석 잡초들이 우리에게 무엇인지 그리고 그들이 우리 삶에 얼마나 나쁜지 한 번 알아 봅시다.

18 The reason why we call them weeds is that we merely don't know their names. (복문)

> **리듬독해 Reading in Rhythm**
>
> The reason why we call them weeds
> is
> that we merely don't know their names.
>
> 우리가 그들을 잡초라고 부르는 이유는
> 이다
> 우리가 단지 그들의 이름을 모른다는 것

어휘 reason 이유   merely 단지   * 단지 가슴이 미어질 따름이다
해석 우리가 그들을 잡초라고 부르는 이유는 우리가 단지 그들의 이름을 모른다는 것이다.

19. All the plants have their own name which botanists have given, and whenever they find another species, they would love to give them names. (혼문)

리듬독해 Reading in Rhythm

All the plants have their own name	모든 잡초들은 그들만의 이름을 가지고 있다
which botanists have given,	식물학자들이 준
and	그리고
whenever they find another species,	그들이 다른 종들을 발견할 때는 언제든지
they would love to give them names.	그들은 그것들에게 이름지어 주기를 좋아한다

어휘 **plant** 식물 * 식물을 심을 계획   **botanist** 식물학자 * 밭에서 연구하는 식물학자   **species** 종(種) * 특별한 종

해석 모든 잡초들은 식물학자들이 준 그들만의 이름을 가지고 있다, 그리고 그들이 다른 종들을 발견할 때는 언제든지 그들은 그것들에게 이름지어 주기를 좋아한다.

필자주 모양이 어떻든 사람들은 먹을 수 있는 듯, 식물을 아름답다고 여긴단다. 독어라고 불리우는 복어도 먹을 수 있는 녀석들은 밉지 않다. 사람들도 내게 유익한 사람이 예뻐 보인다.

R·E·A·D·I·N·G·I·N·R·H·Y·T·H·M

Lecture 4
고 1 수준의 문장

Lecture 4 — 01 고1 수준의 문장

원래 기준으로 말하면 고1은 중 4가 되어야 마땅하지만 실제로 고등학교 교과서를 보면 평범하게 공부해 온 학생들에게는 "뜨악"스러울 정도로 갑자기 문장의 길이와 문법적 난이도가 달라진다. 수능 모의고사에서 보이는 문장들은 요즈음은 고3 수준의 문장들과 차이가 별로 없다. 그러니 고1 초반에는 당황스러울 수밖에 없다. 그래서 고등학교 학년은 실종되었고, 영어에 관한 한 고등학생이 되는 순간 전체로 통합되는 것이다.

Examples

❶ I heard that you didn't get the lead role in the play though you had a great audition.

리듬독해 Reading in Rhythm

I heard	나는 들었다
that you didn't get the lead role in the play	네가 그 연극에서 주연급 역할을 얻지 못했다고
though you had a great audition.	비록 네가 훌륭한 오디션을 했음에도 불구하고

어휘 role 역할 * 구르는(roll) 역할   play 연극
해석 나는 비록 네가 훌륭한 오디션을 했음에도 불구하고 네가 그 연극에서 주연급 역할을 얻지 못했다고 들었다.

❷ But you should learn the role as if you did have the lead.

리듬독해 Reading in Rhythm

But you should learn the role	그러나 너는 역할을 배워야 한다
as if you did have the lead.	마치 네가 그 주연급 역할을 하는 것처럼

어휘 as if 마치 ~처럼 * 아주 이쁜 것처럼
해석 그러나 너는 마치 네가 그 주연급 역할을 하는 것처럼 역할을 배워야 한다.

❸ Even if you do not act in the show, mastering such a difficult role will serve you well in the future.

리듬독해 Reading in Rhythm

Even if you do not act in the show,	비록 네가 쇼에서 연기하지 않는다 해도
mastering such a difficult role	그러한 어려운 역할을 마스터하는 것은

will serve you well 네게 보답을 할 것이다
in the future. 미래에

어휘 serve 봉사하다, 보답하다 * 봉사에 보답하다
해석 비토 네가 쇼에서 연기하지 않는다 해도 그러한 어려운 역할을 마스터하는 것은 미래에 네게 보답을 할 것이다.

❹ I had a similar situation in school, though in a different area: I wanted to be the editor of the school paper, but the teacher in charge picked another student.

리듬독해 Reading in Rhythm

I had a similar situation in school,	나는 학교에서 유사한 상황을 겪었다
though in a different area:	비록 다른 지역이었지만
I wanted to be the editor	나는 편집자가 되고 싶었다
of the school paper,	학교신문의
but the teacher in charge	그러나 담임선생님이
picked another student.	다른 학생을 선발하셨다

어휘 similar 유사한 situation 상황 area 지역 editor 편집자 *어디로 편집할까요?
teacher in charge 담임선생님
해석 나는 학교에서 유사한 상황을 겪었다. 비록 다른 지역이었지만: 나는 학교신문의 편집자가 되고 싶었다 그러나 담임선생님이 다른 학생을 선발하셨다.

❺ I was disappointed, but I kept writing and now I'm a columnist in a newspaper.

리듬독해 Reading in Rhythm

I was disappointed,	나는 실망하였다
but I kept writing	그러나 나는 쓰기를 계속했다
and now	그리고 지금
I'm a columnist in a newspaper.	나는 한 신문사의 컬럼니스트이다

어휘 disappointed 실망한 * appoint 임명하다 * dis + appointed 임명이 안되어서 실망한
columnist 컬럼니스트
해석 나는 실망하였다. 그러나 나는 쓰기를 계속했다 그리고 지금 나는 한 신문사의 컬럼니스트이다.

6 So never give up!

해석 그러니 포기하지 마라.

7 You are great, and that's all that matters!

리듬독해 Reading in Rhythm

You are great,	너는 대단하다,
and that's all	그리고 그것이 모든 것이다
that matters!	중요한

어휘 matter 일, 사건, 중요하다 * 일은 중요하다
해석 너는 대단하다, 그리고 그것이 중요한 모든 것이다.

8 Before picking out a souvenir to take home, consider how it was made and where it came from.

리듬독해 Reading in Rhythm

Before picking out a souvenir to take home,	집으로 가져올 기념품을 선택하기 전에
consider	고려하라
how it was made	어떻게 그것이 만들어 졌는지
and where it came from.	그리고 어디에서 그것이 왔는지를

어휘 souvenir 기념품 * 수빈이가 가져온 기념품
해석 집으로 가져올 기념품을 선택하기 전에, 어떻게 그것이 만들어 졌는지 그리고 어디에서 그것이 왔는지를 고려하라.

9 If animal products such as animal bone or skin, were used to make it, just leave it on the shelf.

리듬독해 Reading in Rhythm

If animal products	만약 동물제품들
such as animal bone or skin,	예를 들어 동물의 뼈나 가죽이
were used to make it,	그것을 만들기 위해서 사용되었다면
just leave it on the shelf.	진열대 위에 그것을 그냥 두어라

42 Reading in Rhythm

어휘 such as 예를 들어 *예를 들며 설쳤어 shelf 선반, 진열대 * 스스로(self) 설치한 진열대
해석 만약 동물제품들, 예를 들어 동물의 뼈나 가죽이, 그것을 만들기 위해서 사용되었다면, 그것을 진열대 위에 그냥 두어라.

10 Picking your souvenirs directly from nature is another bad idea.

리듬독해 Reading in Rhythm

Picking your souvenirs	너의 기념품을 채취하는 것
directly from nature	자연으로부터 직접
is another bad idea.	또 다른 나쁜 생각이다

해석 자연으로부터 직접 너의 기념품을 채취하는 것은 또 다른 나쁜 생각이다.

11 That is because sea shells are more beautiful on the beach than on your desk.

리듬독해 Reading in Rhythm

That is	그것은 ~이다
because sea shells are more beautiful	바다 조개들이 더 아름답기 때문에
on the beach	해변에서
than on your desk.	너의 책상 위에서 더

어휘 shell 조개
해석 그것은 바다 조개들이 너의 책상 위보다 해변에서 더 아름답기 때문이다.

12 Instead, choose something which does not have negative effects on the place you visit, such as paintings or crafts produced by local artists.

리듬독해 Reading in Rhythm

Instead,	대신에
choose something	무언가를 선택하라
which does not have negative effects	부정적인 영향을 끼치지 않는
on the place	그 장소에
// you visit,	네가 방문하는
such as paintings or crafts produced	예를 들어 그림들이나 도자기 제품 등
by local artists.	지역 예술가들에 의하 (만들어진)

어휘	**negative** 부정적인 * 네가 퇴짜 놓은 것　**effect** 영향, 효과 * 영향있는 효과　**craft** 도자기
해석	대신에, 네가 방문하는 그 장소에 부정적인 영향을 내지 않는 무언가를 선택하라. 예를 들어 지역 예술가들에 의해 (만들어진) 그림들이나 도자기 제품 등을
해설	you visit 앞에 접속사 that이 생략되었다.

13 It's clear that giving young drivers more time behind the wheel under guidance makes a big difference.

리듬독해 Reading in Rhythm

It's clear	그것은 명확하다
that giving young drivers more time	더 많은 시간을 어린 운전자들에게 주는 것은
behind the wheel	운전대 뒤에
under guidance	지도하에
makes a big difference.	커다란 차이점을 만든다

| 어휘 | **whee** 운전대 |
| 해석 | 지도하에 운전대 뒤에 더 많은 시간을 어린 운전자들에게 주는 것은 커다란 차이점을 만든다는 것은 명확하다. |

14 They don't suddenly become good drivers when they turn 16.

리듬독해 Reading in Rhythm

| They don't suddenly become good drivers | 그들은 갑자기 유능한 운전자가 되지는 않는다 |
| when they turn 16. | 그들이 16세가 될 때 |

| 어휘 | **suddenly** 갑자기 |
| 해석 | 그들은 그들이 16세가 될 때 갑자기 유능한 운전자가 되지는 않는다. |

15 We need to ease teens into a lifelong habit of good driving.

리듬독해 Reading in Rhythm

We need to ease teens	우리는 십대들을 편하게 해줄 필요가 있다
into a lifelong habit	평생의 습관으로
of good driving.	좋은 운전의

| 어휘 | ease 편하게 해주다   habit 습관   * 햇빛을 쬐는 습관 |
| 해석 | 우리는 십대들을 평생의 좋은 운전의 습관으로 편하게 해줄 필요가 있다. |

16 That's the goal of graduated driver licensing laws, which impose restrictions before teens earn a full license.

리듬독해 Reading in Rhythm

That's the goal	그것이 목표이다
of graduated driver licensing laws,	등급별 운전면허 제도의
which impose restrictions	제한 요소들을 부과하는
before teens earn a full licence.	십대들이 완전한 면허증을 받기 전에

| 어휘 | graduated 등급별의   impose 부과하다   restriction 제한 |
| 해석 | 그것이 십대들이 완전한 면허증을 받기 전에 제한 요소들을 부과하는 등급별 운전면허 제도의 목표이다. |

17 An ideal law would set the minimum age for a permit at 16, ban cell phones, prohibit driving between 10 p.m. and 5 a.m., and not allow a full license until age 18.

리듬독해 Reading in Rhythm

An ideal law would set the minimum age	이상적인 법은 최소연령을 정한다
for a permit at 16,	16세에 허용에 대한
ban cell phones,	휴대폰을 금지하고
prohibit driving	운전을 금하고
between 10 p.m. and 5 a.m.,	오후 10시에서 오전 5시 사이에
and not allow a full license	그리고 완전한 면허를 허용하지 않는다
until age 18.	18세가 될 대까지

| 어휘 | permit 허용하다   * 퍼, 밑에 있는 것까지   ban 금지하다   * 나무 베는 것을 금지하다   prohibit 금지하다 |
| 해석 | 이상적인 법은 16세에 허용에 대한 최소연령을 정하고, 휴대폰을 금지하고, 오후 10시에서 오전 5시 사이에 운전을 금하고, 그리고 18세가 될 때까지 완전한 면허를 허용하지 않는다. |

18 These regulations make sense.

| 어휘 | regulation 법규   make sense 일리가 있다 |

19. A recent study by Johns Hopkins University found that a tough law could decrease deaths among 16-year-old drivers by 38 percent.

> **리듬독해 Reading in Rhythm**
>
> | | |
> |---|---|
> | A recent study by Johns Hopkins University found | 한 존스 홉킨스 대학에 의한 최근 연구는 발견했다 |
> | that a tough law could decrease deaths | 엄한 법규가 사망율을 줄일 수 있다는 것을 |
> | among 16-year-old drivers | 16세 운전자들 사이에 |
> | by 38 percent. | 38퍼센트까지 |

어휘 tough law 엄한 법규 decrease 감소시키다
해석 한 존스 홉킨스 대학에 의한 최근 연구는 엄한 법규가 38퍼센트까지 16세 운전자들 사이에 사망율을 줄일 수 있다는 것을 발견했다.

20. People today are great at multitasking.

> **리듬독해 Reading in Rhythm**
>
> | | |
> |---|---|
> | People today | 오늘날 사람들은 |
> | are great at multitasking. | 다중작업에 뛰어나다 |

어휘 multitasking 다중작업
해석 오늘날 사람들은 다중작업에 뛰어나다.

21. I even saw a man in a business suit digging chopsticks into a cup of noodles while hurrying through the crowd on a busy street.

> **리듬독해 Reading in Rhythm**
>
> | | |
> |---|---|
> | I even saw a man in a business suit | 나는 심지어 양복을 입은 사람을 보았다 |
> | digging chopsticks | 젓가락으로 파고 있는 것을 |
> | into a cup of noodles | 국수컵 안으로 |
> | while hurrying through the crowd | 군중들 사이를 바쁘게 통과하는 동안에 |
> | on a busy street. | 붐비는 거리에서 |

어휘 dig 파다 * 딕딕 거리며 땅을 파다 chopstick 젓가락 noodle 국수 * 누들누들한 국수
 hurry 서두르다 * 허리가 아프도록 서두르다

해석 나는 심지어 양복을 입은 사람이 붐비는 거리에서 군중들 사이를 바쁘게 통과하는 동안에 국수컵 안으로 젓가락으로 파고 있는 것을 보았다.

22. Whether engaged in daily life or at work, we are constantly faced with all kinds of demands, so we respond most often, by trying to do many things at once.

리듬독해 Reading in Rhythm

Whether engaged in daily life	일상 생활에 매어 있건
or at work,	아니면 일에
we are constantly faced	우리는 지속적으로 마주친다
with all kinds of demands,	모든 종류의 요구사항에
so we respond most often,	그래서 우리는 가장 자주 반응한다
by trying to do many things	많은 일들을 하려고 함으로서
at once.	즉각적으로

어휘 engage 종사하다 * 인계한 일에 종사하다 constantly 지속적으로 demand 요구, 수요 respond 반응하다 at once 즉각

해석 일상 생활에 매어 있던 아니면 일에 매어 있던, 우리는 모든 종류의 요구사항에 지속적으로 마주친다. 그래서 우리는 즉각적으로 많은 일들을 하려고 함으로서 가장 자주 반응한다.

23. We have become so accustomed to this lifestyle that we have come to believe in the myth that we can and must multitask.

리듬독해 Reading in Rhythm

We have become so accustomed	우리는 아주 익숙해졌다
to this lifestyle	이러한 생활방식에
that we have come to believe in the myth	우리가 신화를 믿게 되는
that we can	우리가 다중작업을 할 수 있고
and must multitask.	그리고 해야만 한다는

어휘 accustomed 익숙한 * custom(관습)에 익숙한 myth 신화 * 신화를 믿수?

해석 우리는 이러한 생활방식에 아주 익숙해졌다 그래서 우리가 다중작업을 할 수 있고 그리고 해야만 한다는 신화를 믿게 되었다.

R·E·A·D·I·N·G   I·N   R·H·Y·T·H·M

Lecture 5
수능 수준

Lecture Target

 ❶ 수능 모의고사 학년별과 기출 문제를 기준으로 리듬독해가 어떻게 적용될 수 있는지를 알아본다.

Lecture 5
01 수능 수준

우리 학생들이 접하는 모든 시험들 중에서 수능시험 문제가 가장 명확하고 거기에 따라 원칙을 알기만 한다면 제 실력이 그대로 반영된다. 절대 시험운 같은 애매한 핑계는 통하질 않는다. 시험지를 앞에 놓으면 마치 시속 300km로 달리는 오토바이를 운전하는 것처럼, 곁눈질 같은 한량한 사치는 누릴 수 없고 오직 갈 길을 향해서 쏜살같이 달려야 주어진 시간에 겨우 맞춘다.

Examples

❶ Let's suppose that the same fire chief has asked you to paint a picture on the side of his firehouse.

리듬독해 Reading in Rhythm

Let's suppose	상상해 보자
that the same fire chief has asked you	같은 소방대장이 당신에게 ~하라고 요구했다고
to paint a picture	그림을 그리라고
on the side of his firehouse.	그의 소방서 건물벽에

어휘 suppose 상상하다, 가정하다　**fire chief** 소방대장　**firehouse** 소방서 건물
해석 같은 소방대장이 당신에게 그의 소방서 건물벽에 그림을 그리라고 요구했다고 상상해 보자.

❷ If he tells you what he wants it to look like right down to the last detail, he has not given you any room for your imagination.

리듬독해 Reading in Rhythm

If he tells you	만약 그가 당신에게 말한다면
what he wants it	무엇을 그가 그것이 ~하기를 원하는지
to look like right	직접적으로 보이도록
down to the last detail,	마지막 상세한 부분까지
he has not given you any room	그는 어떤 여지도 당신에게 주지 않은 것이다
for your imagination.	당신의 상상력을 위한

어휘 detail 세부항목　* 뒤 탈이 안 나게 상세하게 준비하다　**imagination** 상상력
해석 만약 그가 당신에게 무엇을 그가 그것이 마지막 상세한 부분까지 직접적으로 보이기를 원하는지 말한다면, 그는 당신의 상상력을 위한 어떤 여지도 당신에게 주지 않은 것이다.

❸ However, if the assignment were stated somewhat vaguely, then you would have more room to think and to be more creative.

리듬독해 Reading in Rhythm	
However,	그러나,
if the assignment were stated	만약 지시가 언급된다면
somewhat vaguely,	다소 모호하게
then you would have more room	그러면 당신은 더 많은 여지를 갖게 된다
to think	생각할
and to be more creative.	그리고 더 창조적이 될 수 있는

어휘 **assignment** 지시 * 싸인이 되어 있는 지시　**vague** 모호한 * 보일 듯 안보일 듯 모호한　**creative** 창조적인
해석 그러나, 만약 지시가 다소 모호하게 언급된다면, 그러면 당신은 더 많이 생각하고 더 창조적이 될 수 있는 여지를 갖게 된다.

❹ Galileo Galilei was long obsessed with Copernicus's theory of the nature of the universe, and planned to publish a book that supported it.

리듬독해 Reading in Rhythm	
Galileo Galilei was long obsessed	갈릴레오 갈릴레이는 오래 동안 사로잡혔다
with Copernicus's theory	코페르니쿠스의 이론에
of the nature of the universe,	우주의 본질에 대해서
and planned to publish a book	그리고 책을 출판하기로 계획했다
that supported it.	그것을 지지하는

어휘 **obsess** 사로잡다 * 사로 잡아 없앴어　**theory** 이론 * 이론을 알면 쉬우리　**publish** 출판하다　**support** 지지하다
해석 갈릴레오 갈릴레이는 우주의 본질에 대한 코페르니쿠스의 이론에 오래 동안 사로잡혔다, 그리고 그것을 지지하는 책을 출판하기로 계획했다.

❺ However, his plan was changed by the Pope's injunction of 1624 that he should not publish such a book.

리듬독해 Reading in Rhythm	
However,	그러나,
his plan was changed	그의 계획은 바뀌었다

> by the Pope's injunction of 1624
> that he should not publish such a book.

> 1624년 교황의 명령에 의해서
> 그가 그러한 책을 출판해서는 안된다는

어휘 injunction 명령

해석 그러나, 그의 계획은 1624년 그가 그러한 책을 출판해서는 안된다는 교황의 명령에 의해서 바뀌었다.

❻ Although the publication was delayed, Galilei finally published the book in 1632.

리듬독해 Reading in Rhythm

> Although the publication was delayed,
> Galilei finally published the book in 1632.

> 비록 그 출판은 연기되었지만,
> 갈릴레이는 1632년에 그 책을 출판하였다

어휘 publication 출판 delay 연기하다 * 뒤에 놓고 연기하다

해석 비록 그 출판은 연기되었지만, 갈릴레이는 1632년에 그 책을 출판하였다.

❼ The book was an immediate success, largely because it was extremely controversial.

리듬독해 Reading in Rhythm

> The book was an immediate success,
> largely because it was extremely
> controversial.

> 그 책은 즉각적인 성공이었다
> 그것은 아주 극단적인 논란거리였기 때문이었다

어휘 immediate 즉각적인 extremely 극단적으로 controversial 논란거리의 * 건드려 불씨

해석 그 책은 즉각적인 성공이었다, 왜냐하면 그것은 아주 극단적인 논란거리였기 때문이었다.

❽ Clearly violating the ban of the church, Galileo defended the Copernican theory.

리듬독해 Reading in Rhythm

> Clearly violating the ban of the church,
> Galileo defended the Copernican theory.

> 교회 금지령을 명백하게 어기면서
> 갈릴레오는 코페르니쿠스식 이론을 옹호했다

어휘 violate 어기다 * 봐요 늦어서(late) 규칙을 어겼잖아요 defend 옹호하다 * 뒤에 있는 펜도 옹호한다

해석 교회 금지령을 명백하게 어기면서, 갈릴레오는 코페르니쿠스식 이론을 옹호했다.

R·E·A·D·I·N·G·I·N·R·H·Y·T·H·M

❾ Certainly, Pope was furious, and Galileo was summoned to Rome to stand trial.

리듬독해 Reading in Rhythm

Certainly,	당연히
Pope was furious,	교황은 진노하였다
and Galileo was summoned to Rome	그리고 갈릴레오는 로마로 소환되었다
to stand trial.	법정에 서도록

어휘 **furious** 진노한 **summon** 소환하다 * 서서 먼데 있는 사람을 소환하다 **trial** 시련, 재판 * 시련에서 벗어 나려고 애쓰다(try)

해석 당연히 교황은 진노하였다, 그리고 갈릴레오는 법정에 서도록 로마로 소환되었다.

❿ He was judged to have supported the Copernican theory against the teachings of the church.

리듬독해 Reading in Rhythm

He was judged	그는 재판을 받았다
to have supported the Copernican theory	코페르니쿠스의 이론을 지지한 것에 대해서
against the teachings of the church.	교회의 가르침을 어기고서

어휘 **against** 반대로, 어기어 * 다시(again) 어기다

해석 그는 교회의 가르침을 어기고서 코페르니쿠스의 이론을 지지한 것에 대해서 재판을 받았다.

⓫ He was ordered to recant and did so against his will.

리듬독해 Reading in Rhythm

He was ordered to recant	그는 철회하도록 명령을 받았다
and did so against his will.	그리고 그의 뜻을 거슬러 그렇게 했다

어휘 **recant** 철회하다 * 다시 할 수 없도록(can't) 철회하다

해석 그는 철회하도록 명령을 받았다 그리고 그의 뜻을 거슬러 그렇게 했다.

필자주 〈상식의 허실〉
갈릴레이는 핍박받은 학자는 아니다. 그 유명한 재판도 사실은 우리가 알고 있는 대로는 아니다. 실제로 교회측에서도 일부 추기경들을 비롯하여 많은 사람들이 갈릴레이에게 동의는 하고 있었으나 오늘날과는 달리 그 당시에는 책을 발간하려면 교황청의 허락을 받아야 했는데, 갈릴레이는 그의 이론을 증명하도록 요구를 받았지만 학문적으로는 증명을

Lecture 5 수능 수준 53

할 수가 없었다. 이유는 그는 중력을 모르고 있었기 때문이었다. 그래서 결국 그는 교황청 서기를 매수하여 교황의 허락을 인정하는 도장을 찍었고 그로 인해 "문서 위조죄"로 기소를 당한 것이었다.

12 Everyone worries at one time or another.

> **리듬독해 Reading in Rhythm**
> Everyone worries   모든 사람들은 걱정했다
> at one time or another.   때때로

해석 모든 사람들은 때때로 걱정한다.

13 It is a part of our everyday lives.

> **리듬독해 Reading in Rhythm**
> It is a part   그것은 일부분이다
> of our everyday lives.   우리의 일상 생활의

해석 그것은 우리의 일상 생활의 일부분이다.

14 We worry about deadlines, about financial problems, and about our relationships with others.

> **리듬독해 Reading in Rhythm**
> We worry about deadlines,   우리는 마감시간에 대해서 걱정한다
> about financial problems,   재정문제들에 대해서
> and about our relationships with others.   그리고 우리의 다른 사람들과의 관계에 대해서

어휘 deadline 마감시간 financial 재정적인 relationship 관계
해석 우리는 마감시간에 대해서, 재정문제들에 대해서, 그리고 우리의 다른 사람들과의 관계에 대해서 걱정한다.

15 Surprisingly, the fact is that worrying is not always a bad thing.

리듬독해 Reading in Rhythm

Surprisingly,	놀랍게,
the fact is	사실은 ~이다
that worrying is not always a bad thing.	걱정하는 것이 언제나 나쁘지는 않다는 것

어휘 surprisingly 놀랍게

해석 놀랍게, 사실은 걱정하는 것이 언제나 나쁘지는 않다는 것이다.

16. Some amount of worry is necessary because it gives us time to concentrate on a problem and find possible solutions or ways to deal with it.

리듬독해 Reading in Rhythm

Some amount of worry is necessary	어느 정도의 걱정은 필요하다
because it gives us time	왜냐하면 그것이 시간을 우리에 주기 때문에
to concentrate on a problem	한 문제에 집중할 수 있는
and find possible solutions	그리고 가능한 해결책을 발견할 수 있는
or ways to deal with it.	아니면 그것을 다룰 수 있는

어휘 amount 양　necessary 필요한　concentrate 집중하다　solution 해결책

해석 어느 정도의 걱정은 왜냐하면 그것이 한 문제에 집중할 수 있고 가능한 해결책을 발견할 수 있는 시간이나 그것을 다룰 수 있는 방법을 우리에 주기 때문에 필요하다.

17. Some worry is stimulating.

어휘 worry 걱정　stimulating 자극적인

해석 어떤 걱정은 자극적이다.

18. It can propel you to do better work or to complete work on time.

리듬독해 Reading in Rhythm

It can propel you	그것은 당신을 추진하게 할 수 있다
to do better work	더 나은 일을 하도록
or to complete work	혹은 일을 완성하도록
on time.	제 시간에

> **어휘** propel 추진하게 하다   complete 완성하다
> **해석** 그것은 당신을 제 시간에 더 나은 일을 하도록 혹은 일을 완성하도록 추진하게 할 수 있다.

19 In other cases, however, our worries can interfere with our problem-solving abilities.

> **리듬독해 Reading in Rhythm**
>
> | | |
> |---|---|
> | In other cases, | 다른 경우들에 있어서, |
> | however, | 그러나, |
> | our worries can interfere | 우리의 모든 걱정들은 방해할 수 있다 |
> | with our problem-solving abilities. | 우리의 문제해결의 능력을 |
>
> **어휘** case 경우   interfere 방해하다   problem-solving 문제해결의   ability 능력
> **해석** 다른 경우들에 있어서, 그러나, 우리의 모든 걱정들은 우리의 문제해결의 능력을 방해할 수 있다.

20 We worry so much that it stops us from taking the steps needed to solve the problem.

> **리듬독해 Reading in Rhythm**
>
> | | |
> |---|---|
> | We worry so much | 우리는 아주 많이 걱정한다 |
> | that it stops us | 그래서 그것이 우리로 하여금 ~못하게 한다 |
> | from taking the steps | 단계를 밟아 가는 것을 |
> | needed to solve the problem. | 그 문제를 해결하기 위해서 요구되는 |
>
> **어휘** stop A from ~ing, keep A from ~ing, prevent A from ~ing A가 ~하는 것을 못하게 하다
> **해석** 우리는 아주 많이 걱정한다 그래서 그것이 우리로 하여금 그 문제를 해결하기 위해서 요구되는 단계를 밟아 가는 것을 못하게 한다.

21 If it continues, worrying can take away our energy and lead to physical problems such as fatigue, headaches, muscle pain, and insomnia.

> **리듬독해 Reading in Rhythm**
>
> | | |
> |---|---|
> | If it continues, | 만약 그것이 지속된다면 |
> | worrying can take away our energy | 걱정하는 것은 우리의 활력을 빼앗아 갈 수 있다 |

and lead to physical problems,	그리고 육체적 문제들로 이끌 수 있다
such as fatigue,	예를 들어 피로
headaches,	두통
muscle pain,	근육통
and insomnia.	그리고 불면증

어휘 continue 지속되다 take away 빼앗다 energy 활력 lead 이끌다 physical 육체적인 fatigue 피로 headache 두통 muscle pain 근육통 insomnia 불면증

해석 만약 그것이 지속된다면, 걱정하는 것은 우리의 활력을 빼앗아 가고 그리고 육체적 문제들로 이끌 수 있다, 예를 들어 피로, 두통, 근육통, 그리고 불면증.

Lecture 6

문장판단법

Lecture Target

❶ 문장의 종류를 구분한다.
❷ 절별로 구분한다.
❸ 중문, 복문, 혼문의 형태를 구분한다.
❹ 생략된 접속사를 찾아낸다.

01 문장 판단법 효과

1. 긴 문장이 짧게 보인다.
2. 모든 문장을 단문으로 처리할 수 있다.
3. 리듬독해의 첫 단계이다.

02 문장 판단의 원칙

1. 접속사는 문장과 문장을 연결한다.
2. 동사와 접속사의 수는 반드시 맞아야 한다.
3. 맞지 않았을 때에는 판단이 틀린 것이다.
4. 접속사로 보이는 것도 동사가 없으면 접속사가 아니고 동사로 보이는 것도 접속사나 주어가 없으면 동사가 아니다.

03 문장 판단법

1 동사가 둘이면 접속사가 하나

동사는 문장이며, 동사의 개수는 문장의 개수이다. 하나의 문장 속에 동사가 여러 개 있으면 그 문장들을 연결하여 주는 접속사 있기 마련이다.

2 접속사의 수는 동사 −1

접속사의 수는 동사에서 1을 빼야 한다. 이 숫자는 절대로 일치 되어야 한다.

3 접속사는 동사와 동사 사이, 뒤에 온 주어 앞에

접속사는 주어 앞이나, 동사 뒤가 절대 위치이다. 접속사라고 알고 있는 단어가 이 자리에 오지 않으면, 그것은 접속사로 쓰인 것이 아니다.

4 없으면 앞으로

동사와 동사 사이에 접속사가 없으면 문장 맨 앞으로 가 보아라.

5 앞에도 없으면 생략, 뒤에 온 주어 앞에 that

그래도 없으면 생략된 것이며, 그 위치는 주어 앞이고, 생략된 접속사는 일단 만능 접속사인 that이다.

6 동사가 겹치면, 두 번째 동사가 전체동사

동사가 나란히 나와 있으면, 앞에 있는 동사는 주어절의 동사이고, 두 번째 동사가 문장 전체의 동사이며, 해석은 반드시 여기서 끝나야 한다.

7 명사 + 주어 + 동사이면, 명사와 주어 사이에 that

문장의 첫 명사도 주어인데 또 주어가 나와 있으면 둘 사이에 접속사 that이 생략되었고, 두 번째 동사가 문장 전체 동사이다.

8 앞동사 앞에 관계사가 있으면, 두 번째 동사가 전체동사

동사가 두 개 나와 있는 데 앞에 있는 동사 앞에 관계사가 있으면 두 번 나온 동사가 문장 전체동사다. 이때 관계사가 생략된 경우가 있는 데 이는 위 5번으로 해결이 된다.

9 문장 맨 앞에 있는 등위접속사는 숫자에 포함시키지 않는다.

문장 맨 앞에 등위접속사가 있으면 접속사는 맞지만 숫자에는 포함시키지 않는다.

10 등위 + 종속은 묶어서 하나로 친다. (병렬구조)

Examples

❶ A tear dries quickly, especially when it is shed for the troubles of others.

> **리듬독해 Reading in Rhythm**
>
> A tear dries quickly,   눈물은 빨리 마른다
> especially when it is shed   특별히 그것이 비추어 질 때
> for the troubles of others.   다른 사람들의 고통에 대해서

어휘 tear 눈물   dry 마르다   especially 특별히   shed 비추다   trouble 고통
해석 눈물은 특별히 그것이 다른 사람들의 고통에 대해서 비추어 질 때 빨리 마른다.

❷ Any man can make mistakes, but only an idiot persists in his error.

> **리듬독해 Reading in Rhythm**
>
> Any man can make mistakes,   어떠한 사람도 실수는 저지를 수 있다
> but only an idiot persists in his error.   그러나 오직 바보만이 그의 잘못을 고집한다

어휘 mistake 실수   idiot 바보   persist 고집하다   error 잘못
해석 어떠한 사람도 실수는 저지를 수 있다, 그러나 오직 바보만이 그의 잘못을 고집한다.

❸ A successful man can not realize how hard an unsuccessful man finds life.

> **리듬독해 Reading in Rhythm**
>
> A successful man can not realize   성공한 사람은 깨달을 수 없다
> how hard an unsuccessful man finds life.   얼마나 어렵게 성공 못한 사람이 살 길을 찾는지

어휘 successful 성공한   realize 인식하다 * 리얼하게 깨닫다   find life 살 길을 찾다
해석 성공한 사람은 얼마나 어렵게 성공 못한 사람이 살 길을 찾는지를 깨달을 수 없다.

❹ Life is short; art is long; experiment is uncertain; judgment is difficult.

리듬독해 Reading in Rhythm

Life is short;	인생은 짧다;
art is long;	의술은 길다;
experiment is uncertain;	실험은 불분명하다;
judgment is difficult.	진단은 어렵다

어휘 art 의술   experiment 실험   uncertain 불분명한   judgment 진단

해석 인생은 짧고 의술은 길다; 실험은 불분명하고 진단은 어렵다.

필자주 가장 잘못 인용되고 있는 영어 표현이다. 이 문장은 최초의 의과대학장이었던 그 이름도 찬란한 히포크라테스가 첫 졸업생들에게 한 말을 영어로 번역한 것인데, 번역 당시에 art는 예술이 아니라 의술이었다. 그러므로 의술을 배우는 길이 오래 걸린다는 말이지, 예술작품이 오래 간다는 의미는 원래 아니었다..

❺ An education which does not cultivate the will is an education that deprives the mind.

리듬독해 Reading in Rhythm

An education which does not cultivate the will	의지를 키워주지 않는 교육은
is an education	교육이다
that deprives the mind.	마음을 빼앗아 가는

어휘 education 교육   cultivate 키워 주다   will 의지   deprive 빼앗다

해석 의지를 키워주지 않는 교육은 마음을 빼앗아 가는 교육이다.

필자주 운명이란 태몽에 달려 있지 않고, 사주팔자에도 달려 있지 않으며, 자기에게 맞는 좋은 선생님을 만나는 데 달려 있다. 공자나 석가처럼 스스로 깨닫는 선생은 더 이상 나오지 않는다. 있는 것들 배우기 너무도 벅차다.

❻ Cleopatra's nose: if it had been shorter, the whole face of the world would have been changed.

리듬독해 Reading in Rhythm

Cleopatra's nose:	클레오파트라의 코
if it had been shorter,	만약 그것이 더 짧았더라면
the whole face of the world	세상의 얼굴(지도)은
would have been changed.	바뀌었을 지도 모른다

> **해석** 클레오파트라의 코, 만약 그것이 더 짧았더라면, 세상의 얼굴(지도)은 바뀌었을 지도 모른다.

❼ Experience is not what happens to you; it is what you do with what happens to you.

리듬독해 Reading in Rhythm

Experience is	경험은 ~이다
not what happens to you;	무슨 일이 당신에게 일어나느냐가 아니다;
it is	그것은 ~이다
what you do	무엇을 당신이 하느냐
with what happens to you.	당신에게 일어난 일을 가지고

> **어휘** experience 경험
> **해석** 경험은 무슨 일이 당신에게 일어나느냐가 아니다; 그것은 당신에게 일어난 일을 가지고 무엇을 당신이 하느냐이다.

❽ People think themselves attractive; even the plainest are satisfied with the charms they possesses.

리듬독해 Reading in Rhythm

People think themselves attractive;	사람들은 그들 자신들이 매력적이라고 생각한다
even the plainest are satisfied	심지어 가장 평범한 사람들도 만족한다
with the charms	그 여러 매력들에
// they possesses.	그들이 소유하고 있는

> **어휘** attractive 매력적인 plain 평범한 satisfied 만족한 charm 매력 possess 소유하다
> **해석** 사람들은 그들 자신들이 매력적이라고 생각한다; 심지어 가장 평범한 사람들도 그들이 소유하고 있는 그 여러 매력들에 만족한다.
> **필자주** 나르시시즘, 얼마나 위대한 단어인가? 이것이 없다면 인류의 95%는 좌절감 속에 살것이다. 당신은 멋있다, 나도 그렇다, 고로 우리 모두는 위대하다. 일부 비관론자들을 제외하고는……

❾ Everything that is really great and inspiring is created by the individual who can labor in freedom.

리듬독해 Reading in Rhythm

Everything that is really great and inspiring — 정말 위대하고 영감을 주는 모든 것은
is created by the individual — 개인들에 의해서 창조된다
who can labor in freedom. — 자유 속에서 일을 할 수 있는

어휘 inspiring 영감을 주는 create 창조하다 individual 개인 labor 일하다 freedom 자유
해석 정말 위대하고 영감을 주는 모든 것은 자유 속에서 일을 할 수 있는 개인들에 의해서 창조된다.

10. Even the wisest men make fools of themselves about women and even the most foolish women are wise about men.

리듬독해 Reading in Rhythm

Even the wisest men — 심지어는 가장 현명한 사람들도
make fools of themselves about women — 여성들에 대해서 자신들을 바보로 만든다
and even the most foolish women — 그리고 심지어는 가장 어리석은 여자들도
are wise about men. — 남자들에 대해서는 현명하다

어휘 make a fool of 바보로 만들다
해석 심지어는 가장 현명한 사람들도 여성들에 대해서 자신들을 바보로 만든다. 그리고 심지어는 가장 어리석은 여자들도 남자들에 대해서는 현명하다.

필자주 여자를 유혹할 수 있는 남자는 있어 본 적도 없고, 앞으로도 없을 것이다. 다만 넘어가 준것 뿐이다. 여자는 모든 면에서 남자보다 우월하다, 이유는 아담이 기본버전이고 이브가 버전업된 것이기 때문이다.

Lecture 6 문장 판단법

Lecture 7
문장판단법 2

Lecture Target

1. 문장의 종류를 구분한다.
2. 절별로 구분한다.
3. 중문, 복문, 혼문의 형태를 구분한다.
4. 생략된 접속사를 찾아낸다.

Lecture 7 - 01

Examples

❶ Grief drives men into habits of serious reflection, sharpens the understanding and softens the heart.

> **리듬독해 Reading in Rhythm**
>
> | | |
> |---|---|
> | Grief drives men | 슬픔은 사람들을 몰아간다 |
> | into habits of serious reflection, | 진지한 반성의 습관들로 |
> | sharpens the understanding | 그리고 이해심을 날카롭게 만든다, |
> | and softens the heart. | 그리고 마음을 부드럽게 만든다 |

어휘 grief 슬픔 habit 습관 serious 진지한 reflection 반성 sharpen 날카로운 understanding 이해심 soften 부드럽게 만들다

해석 슬픔은 사람들을 진지한 반성의 습관들로 몰아가고, 이해심을 날카롭게 만들고, 그리고 마음을 부드럽게 만든다.

필자주 그래도 안 슬픈 것이 더 좋다.

❷ A gossip is one who talks to you about others; and a brilliant conversationalist is one who talks to you about yourself.

> **리듬독해 Reading in Rhythm**
>
> | | |
> |---|---|
> | A gossip is one | 떠버리는 사람이다 |
> | who talks to you about others; | 다른 사람들에 대해서 당신에게 말하는 |
> | and a brilliant conversationalist is one | 그리고 멋진 대화자는 사람이다 |
> | who talks to you about yourself. | 당신 자신에 대해서 당신에게 말하는 |

어휘 gossip 떠버리는 brilliant 멋진 conversationalist 대화자

해석 떠버리는 사람은 다른 사람들에 대해서 당신에게 말하는 사람이다 그리고 멋진 대화자는 당신 자신에 대해서 당신에게 말하는 사람이다.

필자주 어떤 사람을 친구로 만들려면 뒤에서 열심히 칭찬하라, 나쁜 소문만 천리를 가는 것이 아니다. 존경과, 우정과 도움이 한꺼번에 당신에게 올 것이다.

❸ For one man who sincerely pities others' misfortunes, there are a thousand who sincerely hate his success.

리듬독해 Reading in Rhythm

For one man	한 사람에게
who sincerely pities others' misfortunes,	다른 사람들의 불운에 대해서 진지하게 동정하는
there are a thousand	천 명이 있다
who sincerely hate his success.	진지하게 그의 성공을 싫어하는

어휘 sincerely 진지하게 pity 동정하다 misfortune 불운 hate 싫어하다
해석 다른 사람들의 불운에 대해서 진지하게 동정하는 한 사람에게 진지하게 그의 성공을 싫어하는 천 명이 있다.
필자주 그래도 동정보다는 성공이 좋다.

❹ Age is covered with cosmetics; Gray is hidden with dye; Confidence is sought in men; Awareness for the future is deferred.

리듬독해 Reading in Rhythm

Age is covered with cosmetics;	나이는 화장품으로 커버된다;
Gray is hidden with dye;	흰머리는 염색약으로 감추어 진다
Confidence is sought in men;	확신은 사람들 속에서 발견된다
Awareness for the future is deferred.	미래에 대한 인지는 미루어 진다

어휘 cosmetics 화장품 gray 흰머리 hide 숨기다 dye 염색약 confidence 확신 sought seek의 과거, 과거분사 seek 발견하다 awareness 인지 defer 미루다
해석 나이는 화장품으로 커버된다; 흰머리는 염색약으로 감추어 진다; 확신은 사람들 속에서 발견된다; 미래에 대한 인지는 미루어 진다.

❺ Happiness always looks small while you hold it in your hands, but let it go, and you learn at once how big and precious it is.

리듬독해 Reading in Rhythm

Happiness always looks small	행복은 언제나 작아 보인다
while you hold it in your hands,	당신이 그것을 당신의 손안에 쥐고 있는 동안에
but let it go,	그러나 그것을 가 버리게 하라
and you learn at once	그러면 당신은 금방 알게 된다
how big and precious it is.	그것이 얼마나 크고 소중한 지를

어휘	**hold** 쥐다 **learn** 알게 되다 **precious** 소중한
해석	행복은 당신이 그것을 당신의 손안에 쥐고 있는 동안에 언제나 작아 보인다, 그러나 그것을 가 버리게 하라, 그러면 당신은 그것이 얼마나 크고 소중한 지를 금방 알게 된다.
필자주	만족의 길이는 길고, 후회의 길이는 짧아야 한다. 그러나 그 가장 짧은 후회의 길이는 가장 긴 만족의 길이보다 더 길다.

❻ Do not spoil what you have by desiring what you have not; but remember that what you now have was once among the things only hoped for.

리듬독해 Reading in Rhythm

Do not spoil	망치지 마라
what you have by desiring	당신이 갈망함으로써 가지고 있는 것을
what you have not;	당신이 가지지 못한 것을;
but remember	그러나 기억하라
that ~	that 이하의 사실을
what you now have	당신이 지금 가지고 있는 것은
was once among the things only hoped for.	한 때는 간절히 희망했던 것들 중에 하나였다

| 어휘 | **spoil** 망치다 **desire** 갈망하다 **remember** 기억하다 |
| 해석 | 당신이 가지지 못한 것을 갈망함으로써 가지고 있는 것을 망치지 마라; 그러나 당신이 지금 가지고 있는 것은 한 때는 간절히 희망했던 것들 중에 하나였다는 사실을 기억하라. |

❼ Fear comes from uncertainty: When we are absolutely certain, whether it is big or small, we are almost impervious to fear.

리듬독해 Reading in Rhythm

Fear comes from uncertainty:	공포는 불확신으로부터 온다:
When we are absolutely certain,	우리가 절대적으로 확신할 때
whether it is big or small,	그것이 크건, 작건,
we are almost impervious to fear.	우리는 공포에 거의 무감각하다

| 어휘 | **fear** 공포 **uncertainty** 불확신 **absolutely** 절대적으로 **impervious** 무감각한 |
| 해석 | 공포는 불확신으로부터 온다: 우리가 절대적으로 확신할 때, 그것이 크건, 작건, 우리는 공포에 거의 무감각하다. |

8 Good-nature is more agreeable in conversation than wit, and gives a certain air to the countenance which is more amiable than beauty.

> **리듬독해 Reading in Rhythm**
>
> Good-nature is more agreeable — 착한 성품은 더 바람직하다
> in conversation than wit, — 재치보다 대화에서
> and gives a certain air to the countenance — 그리고 표정에 어떤 분위기를 준다
> which is more amiable than beauty. — 아름다움보다 더 호감을 주는

어휘 good-nature 착한 성품 agreeable 바람직한 wit 재치 air 분위기 countenance 표정 amiable 호감을 주는

해석 착한 성품은 재치보다 대화에서 더 바람직하다, 그리고 아름다움보다 더 호감을 주는 표정에 어떤 분위기를 준다.

필자주 미녀 = 정숙녀 : 모습에서 빛이 나고
미남 = 훈남 : 마음에서 빛이 난다.

9 Character can not be developed in ease and quiet; only through experience of trial and suffering, can the soul be strengthened, vision cleared, ambition inspired, and success achieved.

> **리듬독해 Reading in Rhythm**
>
> Character cannot be developed — 성격은 개발 될 수 없다
> in ease and quiet; — 편안함과 평온함 속에서
> only through experience of trial and suffering, — 오직 시련의 경험과 고통받는 것을 통해서
> can the soul be strengthened, — 영혼은 강하게 될 수 있을 뿐이다
> vision cleared, — 비전은 명확해 질 수 있고,
> ambition inspired, — 야망은 영감이 주어질 수 있으며,
> and success achieved. — 성공은 성취되어 질 수 있다

어휘 character 성격 develop 개발하다 ease 편안함 quiet 평온함 trial 시련 suffer 고통받다 soul 영혼 strengthen 강하게 만들다 vision 전망 ambition 야망 inspire 영감을 주다 achieve 성취하다

해석 성격은 편안함과 평온함 속에서 개발될 수 없다; 오직 시련의 경험과 고통받는 것을 통해서 영혼은 강하게 될 수 있을 뿐이고, 비전은 명확해 질 수 있고, 야망은 영감이 주어질 수 있으며, 성공은 성취되어 질 수 있다.

필자주 스트레스를 즐겨라, 그것은 당신을 지속적으로 나아가게 만드는 원동력이다

10 Do all the good you can, By all the means you can, In all the ways you can, In all the places you can, At all the time you can, To all the people you can, As long as ever you can.

> **리듬독해 Reading in Rhythm**
>
> | | |
> |---|---|
> | Do all the good // you can, | 네가 행할 수 있는 모든 선을 행하라, |
> | By all the means // you can, | 네가 할 수 있는 모든 수단에 의해서, |
> | In all the ways // you can, | 네가 할 수 있는 모든 방법 안에서, |
> | In all the places // you can, | 네가 할 수 있는 모든 장소에서, |
> | At all the time // you can, | 네가 할 수 있는 모든 시간에, |
> | To all the people // you can, | 네가 할 수 있는 모든 사람들에게 |
> | As long as ever you can. | 네가 할 수 있는 한 |

어휘 means 수단   as long as ~하는 한
해석 네가 행할 수 있는 모든 선을 행하라. 네가 할 수 있는 모든 수단에 의해서, 네가 할 수 있는 모든 방법 안에서, 네가 할 수 있는 모든 장소에서, 네가 할 수 있는 모든 시간에, 네가 할 수 있는 모든 사람들에게 네가 할 수 있는 한
필자주 인생은 자전거를 타는 것과 같다. 멈추어 있으면 쓰러진다.

11 He that is not handsome at twenty, nor strong at thirty, nor rich at forty, nor wise at fifty, will never be handsome, strong, rich or wise.

> **리듬독해 Reading in Rhythm**
>
> | | |
> |---|---|
> | He that is not handsome at twenty, | 20세에 잘 생기지 못한 사람 |
> | nor strong at thirty, | 30세에 건강하지 못하고, |
> | nor rich at forty, | 40세에 부유하지 못하고, |
> | nor wise at fifty, | 50세에 현명하지 못하고, |
> | will never be handsome, strong, | 결코 잘 생기지도, 건강하지도, 부유하지도, |
> | rich or wise. | 현명하지도 못할 것이다 |

해석 20세에 잘 생기지 못하고, 30세에 건강하지 못하고, 40세에 부유하지 못하고, 50세에 현명하지 못한 사람은 결코 잘 생기지도, 건강하지도, 부유하지도, 현명하지도 못할 것이다.

12 The best way you can make your children happiest is to love their mother deeply and constantly.

Reading in Rhythm

The best way // you can make	당신이 만들 수 있는 최상의 방법
your children happiest	당신의 자녀들을 가장 행복하게
is to love their mother	그들의 어머니를 사랑하는 것이다
deeply and constantly.	깊이 그리고 지속적으로

어휘 deeply 깊이 있게 constantly 지속적으로
해석 당신이 당신의 자녀들을 가장 행복하게 만들 수 있는 최상의 방법은 그들의 어머니를 깊이 그리고 지속적으로 사랑하는 것이다.

13 Human misery must somewhere have a stop; there is no wind that always blows a storm.

Reading in Rhythm

Human misery	인간의 비극은
must somewhere have a stop;	어디엔가 멈출 곳이 반드시 있다
there is no wind	어떠한 바람도 없다
that always blows a storm.	언제나 폭풍을 불어 대는

어휘 misery 비극 somewhere 어디엔가 stop 멈출 곳 blow 불다 storm 폭풍
해석 인간의 비극은 어디엔가 멈출 곳이 반드시 있다. 왜냐하면 언제나 폭풍을 불어 대는 어떠한 바람도 없기 때문이다.

14 I do not believe that any peacock envies another peacock's tail, because every peacock is persuaded that his own tail is the finest in the world.

Reading in Rhythm

I do not believe	나는 믿지 않는다
that any peacock envies	어떤 공작도 부러워 한다고
another peacock's tail,	다른 공작의 꼬리를
because every peacock is persuaded	왜냐하면 모든 공작은 믿고 있기 때문이다
that his own tail is the finest in the world.	그 자신의 꼬리가 세상에서 가장 멋지다고

어휘 peacock 공작새 persuade 믿게 하다 tail 꼬리
해석 나는 어떤 공작도 다른 공작의 꼬리를 부러워 한다고 믿지 않는다. 왜냐하면 모든 공작은 그 자신의 꼬리가 세상에서 가장 멋지다고 믿고 있기 때문이다.

15 I have found the best way to give advice to your children is to find out what they want and then advise them to do it.

> **리듬독해 Reading in Rhythm**
>
> I have found   나는 발견하였다
> // the best way to give advice to your children   당신의 자녀에게 충고를 하는 최상의 방법은
> is to find out   찾아내는 것이다
> what they want   무엇을 그들이 원하는지
> and then advise them to do it.   그리고 그들에게 그것을 하도록 충고하는 것

어휘 advice 충고   advise 충고하다

해석 나는 당신의 자녀에게 충고를 하는 최상의 방법은 무엇을 그들이 원하는 지 찾아내고 그리고 그들에게 그것을 하도록 충고하는 것이라는 사실을 발견하였다.

해설 the best way 앞에 접속사 that이 생략되었다.

필자주 자식이 웬수다, 그러나 성경말씀대로 원수를 사랑하자, 아니 그 녀석이 뱃속에 있을 때부터 이미 사랑했었다. 그리고 그 사랑이 멈추는 일은 태양이 사라지는 것보다 더 가능성이 없다..

R·E·A·D·I·N·G · I·N · R·H·Y·T·H·M

Lecture 8
접속사 위치

Lecture Target

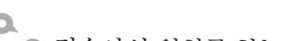
❶ 접속사의 위치를 한눈에 정확하게 파악한다.
❷ 공동 주어를 판단한다.
❸ 생략된 접속사를 찾아낸다.

Lecture 8 01 등위 / 종속 구분 이유

1. 등위는 절에서 1번으로 해석
2. 종속은 절에서 끝 번으로 해석

Examples

1. and I lived in Seoul	그리고 나는 서울에서 살았다
2. when I lived in Seoul	내가 서울에서 살았을 때

해설
1. and는 등위접속사이므로 당연히 절에서 1번으로 해석해야 한다.
2. when은 종속접속사이므로 끝 번으로 해석해야 하나 이를 무시하면 "언제 내가 서울에서 살았다."로 해석되어 당연히 말이 안 된다. 접속사의 종류를 구분하는 것은 우리말로 옳게 해석하고자 하는 데에 그 목적과 결과가 뚜렷하다.

Lecture 8 02 접속사 판단 원칙

1. 주어 앞에 온다.
2. 동사 앞에 온다.
3. 동사가 없으면 접속사가 아니다.
4. 문장 앞에 접속사, 명사 앞에 전치사

Examples

when he was asked	그가 질문을 받았을 때
when asked	질문을 받았을 때

해설 주어는 본문의 주어와 같다.

while she was taking a rest 그녀가 휴식을 취하는 동안에
while taking a rest 휴식을 취하는 동안에

해설 주어는 본문의 주어와 같다.

as soon as he arrived 그가 도착하자 마자
as soon as possible 가능한 한 아주 빨리

해설 as possible 부분은 주어 + 동사가 생략되었다.

if it is useful to us 만약 그것이 우리에게 유용하다면
if so 만약 그러하다면

해설 주어 + 동사가 생략되었다.

for there is hope all the time 왜냐하면 언제나 희망은 있기 때문에
for the better life 더 나은 삶을 위해서

해설 for는 이유를 나타내는 접속사
for는 전치사

until you understand perfectly 네가 완벽하게 이해할 때까지
until next summer 내년 여름까지

as she grows older 그녀가 나이가 들어감에 따라
as a decision maker 결정권자로서

해설 as절에 비교급이 있으면 [~함에 따라]

| since they started the business together | 그들이 함께 사업을 시작한 이래로(때문에) |
| since 2001 | 2001년 이래로 |

해설 since는 [~이래로, ~때문에]

| before they begin their new semester | 그들이 그들의 신학기를 시작하기 전에 |
| before human history | 인간 역사 이전에 |

| but he never listened to her warning | 그러나 그는 그녀의 경고를 전혀 듣지 않았다 |
| nothing but a friend | 친구 외에는 아무 것도 |

해설 but은 전치사 [~이외에는]

Lecture 8 — 03 접속사의 위치

접속사의 위치

접주 접 주어
접동 접 동사

등위: and, or, but
종속: who, which, that, what
  as, but, than
  whoever, whatever, whichever

Examples

접속사 위치 (등위)

and they went to the station	그리고 그들은 역으로 갔다
and went to the station	그리고 역으로 갔다

or we will give up the whole plan	아니면 우리는 전체 계획을 포기할 것이다
or will give up the whole plan	아니면 전체 계획을 포기할 것이다

but she tried to contact with them	그러나 그녀는 그들과 연락하려고 애썼다
but tried to contact with them	그러나 그들과 연락하려고 애썼다

so they could reach their goal	그래서 그들은 그들의 목표에 도달할 수 있었다
for they wanted to build a bridge	그들이 다리를 건설하기를 원했기 때문에

해설 so와 for는 반드시 주어가 있다.

접속사 위치 (종속)

the man who called you this morning	오늘 아침에 당신에게 전화했던 그 사람
the car which ran at a high speed	고속으로 달리던 그 자동차
the flying object that was found in London	런던에서 발견된 비행물체
what made me come here	나를 이리로 오게 만든 것

such an idea as is useful to this plan	이 계획에 유용한 그러한 아이디어
no one but likes her songs	그녀의 노래를 좋아하지 않는 어떠한 사람도
more help than was expected	예상되었던 것보다 더 많은 도움

해설 There is no one but likes her songs. [그녀의 노래들을 좋아하지 않는 사람은 아무도 없다.] 이런 스타일의 문장에서 but절에 있는 동사에는 not을 붙여서 해석해야 한다.

Lecture 8 접속사 위치

Lecture 9

부호

Lecture Target

 ❶ 부호와 접속사의 관계를 알아본다.

01 부호의 의미

1. 일단 의미가 종결된다.
2. 종결부호가 있어야 문장이 끝난 것이다.
3. 연결부호는 등위접속사의 변형이다.
4. 부호를 모르면 고급 문장을 해석할 수가 없다.
5. 부호 여부에 따라 내용이 크게 달라진다.

Examples

1. I know. You know.   나는 알고 있다. 너도 알고 있다.
2. I know // you know.   나는 네가 알고 있다는 사실을 알고 있다.

해설
1. 두 개의 별개 문장이다.
2. 주어 you 앞에 접속사 **that**이 생략된 복문이다.

1. I am sorry. You are sorry.   나는 유감이다. 너도 유감이다.
2. I am sorry // you are sorry.   나는 당신이 유감이라니 유감이다.

해설
1. 두 개의 별개 문장이다.
2. 주어 you 앞에 접속사 **that**이 생략된 복문이다.

02 부호의 종류

부호의 종류

종결부호	. ? !
연결부호	, : ; – ( ) " "

모든 문장은 종결부호 (. ? !) 가 반드시 있어야 하며 종결부호가 없으면 문장이 끝난 것이 아니다.

연결부호 해석

연결부호 = 등위 접속사

, : ;	—	( )	" "
and		참조	인용
or			
but			
so			
for			

Examples

❶ To know is one thing; to teach is another.

리듬독해 Reading in Rhythm

To know is one thing;   아는 것은 하나의 일이고;
to teach is another.   가르치는 것은 또 다른 일이다

해석 아는 것은 하나의 일이고; 가르치는 것은 또 다른 일이다.

필자주 이 유명한 문장을 해석하는데 "아는 것과 가르치는 것은 별개이다." 이런 식으로 의역이 심하면, 이 문장은 물론 유사한 표현도 절대 써 먹을 수가 없다. 어색해도 직역하라.

❷ Youth is a blunder; Manhood is a struggle; Old Age is a regret.

리듬독해 Reading in Rhythm

Youth is a blunder;   젊음은 큰 실수이다;
Manhood is a struggle;   성년은 투쟁이다;
Old Age is a regret.   장년은 후회이다

어휘 blunder 큰 실수   manhood 성년   struggle 투쟁   regret 후회
해석 젊음은 큰 실수이다; 성년은 투쟁이다; 장년은 후회이다.

❸ Nature never deceives us; it is always we who deceive ourselves.

> **리듬독해 Reading in Rhythm**
>
> Nature never deceives us;　　　자연은 결코 우리를 속이지 않는다
> it is always we　　　　　　　　그것은 언제나 우리들이다
> who deceive ourselves.　　　　우리 자신들을 속이는 것은

어휘 deceive 속이다
해석 자연은 결코 우리를 속이지 않는다; 우리 자신들을 속이는 것은 언제나 우리들이다.

❹ Those who love deeply never grow old; they may die of old age, but they die young.

> **리듬독해 Reading in Rhythm**
>
> Those who love deeply　　　　깊이 사랑하는 사람들은
> never grow old;　　　　　　　　결코 늙지 않는다;
> they may die of old age,　　　그들은 늙은 나이에 죽을 지 모른다
> but they die young.　　　　　　그러나 그들은 젊은 채 죽는다

해석 깊이 사랑하는 사람들은 결코 늙지 않는다; 그들은 늙은 나이에 죽을 지 모른다, 그러나 그들은 젊은 채 죽는다.
필자주 역시 사랑은 불로초! 어리석은 진시황은 요걸 몰랐었다.

❺ Here is a four-word story of failure: hired, tired, mired, fired.

> **리듬독해 Reading in Rhythm**
>
> Here is a four-word story of failure:　여기에 네 글자로 된 실패의 이야기가 있다:
> hired, tired, mired, fired.　　　　　　고용되고, 지치고, 궁지에 빠지고, 해고되고

어휘 failure 실패　hire 고용하다　mire 궁지에 빠뜨리다　fire 해고하다
해석 여기에 네 글자로 된 실패의 이야기가 있다: 고용되고, 지치고, 궁지에 빠지고, 해고되고.
필자주 간절히 원하던 직장의 취업도 4개월의 여행이다.

❻ A lady's imagination is very rapid; it jumps from admiration to love, from love to matrimony in a moment.

리듬독해 Reading in Rhythm

A lady's imagination is very rapid; 여성의 상상력은 아주 빠르다
it jumps from admiration to love, 그것은 감탄에서 사랑으로 뛰어 오른다
from love to matrimony 사랑에서 결혼으로
in a moment. 순식간에

어휘 imagination 상상력　rapid 빠른　admiration 감탄　matrimony 결혼
해석 여성의 상상력은 아주 빠르다; 그것은 감탄에서 사랑으로 사랑에서 결혼으로 순식간에 뛰어 오른다.

❼ We are only falsehood, duplicity, contradiction; we both conceal and disguise ourselves from ourselves.

리듬독해 Reading in Rhythm

We are only falsehood, duplicity, 우리는 오직 허언, 이중성, 모순이다;
contradiction;
we both conceal 우리는 서로 숨긴다
and disguise ourselves from ourselves. 그리고 우리 자신들로부터 우리 자신을 위장한다

어휘 falsehood 허언　duplicity 이중성　contradiction 모순　conceal 숨기다　disguise 위장하다
해석 우리는 오직 허언, 이중성, 모순이다; 우리는 서로 숨기고 우리 자신들로부터 우리 자신을 위장한다.
필자주 유리알처럼 모두 들여다 보이는 사람은 매력이 없다. 매력은 비밀에 대한 상상력이다.

❽ Two men look out through the same bars: one sees the muddy ground, and one does the stars.

리듬독해 Reading in Rhythm

Two men look out through the same bars: 두 명이 같은 창살을 통해서 밖을 내다 본다
one sees the muddy ground, 한 사람은 진흙 바닥을
and one does the stars. 그리고 또 한 사람은 별들을 본다

어휘 bar 철창　muddy 진흙의
해석 두 명이 같은 창살을 통해서 밖을 내다 본다: 한 사람은 진흙 바닥을 그리고 또 한 사람은 별들을 본다.

9 Four things come not back: they are the spoken word, the spent arrow, the past, and the neglected opportunity.

> **리듬독해 Reading in Rhythm**
>
> | | |
> |---|---|
> | Four things come not back: | 네 가지 일들은 돌아오지 않는다: |
> | they are the spoken word, | 그것들은 뱉어 진 말 |
> | the spent arrow, | 쏜 화살 |
> | the past, | 과거 |
> | and the neglected opportunity. | 그리고 무시된 기회 |

어휘 spent 사용된 arrow 화살 neglect 무시하다
해석 네 가지 일들은 돌아오지 않는다: 그것들은 뱉어 진 말, 쏜 화살, 과거, 그리고 무시된 기회

10 The people are like children: they must smash everything to see what is inside.

> **리듬독해 Reading in Rhythm**
>
> | | |
> |---|---|
> | The people are like children: | 사람들은 어린애들과 같다 |
> | they must smash everything to see | 그들은 보기 위해서 모든 것을 박살낸다 |
> | what is inside. | 무엇이 안에 있는 지를 |

어휘 smash 박살내다 inside 안쪽에
해석 사람들은 어린애들과 같다: 그들은 무엇이 안에 있는 지를 보기 위해서 모든 것을 박살낸다.
필자주 파괴 본능이 아니라 지식추구 본능이며, 개선발전 본능이다. 권장한다. 아빠 차만 빼고.

Lecture 10
중문 판단 훈련

Lecture Target

❶ 중문을 정확하고 신속하게 판단한다.
❷ 중문이 단지 단문의 나열임을 확신한다.
❸ 단문을 해석하듯이 중문을 해석한다.

Lecture 10

01 중문 판단 훈련

Examples

❶ A coward is incapable of exhibiting love, for it is the prerogative of the brave.

리듬독해 Reading in Rhythm

A coward is incapable of exhibiting love,   겁쟁이는 사랑을 드러낼 능력이 없다
for it is the prerogative of the brave.   왜냐하면 그것은 용기있는 자들의 특권이기 때문이다

어휘 coward 겁쟁이   incapable 능력이 없는   exhibit 드러내다   prerogative 특권   brave 용감한
해석 겁쟁이는 사랑을 드러낼 능력이 없다, 그것은 용기있는 자들의 특권이기 때문이다.
필자주 겁쟁이는 갑돌이와 갑순이를 기억하라. 사랑은 표현하지 않으면 귀신도 모르는 속성이 있다. 거절당할까 봐 좋아한다는 표현하는 것을 망설이다가 사랑이 떠나가고 그리고는 오랜 세월을 "I went to your wedding."과 같은 처량한 노래나 부르며 눈물짓는다.

❷ A dog in a kennel barks at his fleas, while a dog hunting does not notice them.

리듬독해 Reading in Rhythm

A dog in a kennel barks at his fleas,   개 집안에 있는 개는 그의 벼룩이들에게 짖는다,
while a dog hunting does not notice them.   반면에 사냥 중인 개는 그것들을 알아채지 못한다

어휘 kennel 개집   bark 짖다   flea 벼룩이   hunt 사냥하다   notice 알아채다
해석 개 집안에 있는 개는 그의 벼룩이들에게 짖는다, 반면에 사냥 중인 개는 그것들을 알아채지 못한다.
필자주 바빠야 하찮은 일에 스트레스를 안 받는다. 그리고 우리는 바빠야 할 이유가 너무 많다. 가만히 앉아서 생각에 잠기면 아픈 데도 아주 많다.

❸ A fly may sting a stately horse and make him wince, but one is but an insect, and the other is a horse still.

리듬독해 Reading in Rhythm

A fly may sting a stately horse   파리는 위엄있는 말을 쏠지도 모른다
and make him wince,   그리고 그를 움찔하게 만들 지도 모른다
but one is but an insect,   그러나 전자는 곤충일 뿐이다,
and the other is a horse still.   그리고 후자는 여전히 말이다

어휘 fly 파리   sting 쏘다   stately 위엄있는   wince 움찔하다   insect 곤충   one 전자   the other 후자

해석 파리는 위엄있는 말을 쏘아서 그를 움찔하게 만들 지도 모른다 그러나 전자는 곤충일 뿐이다, 그리고 후자는 여전히 말이다.

필자주 강물에 돌을 던져도 "풍당" 소리만 나고 그만이다. 그리고 그 돌은 악한 마음과 함께 영원히 강물속으로 가라앉는다.

❹ A friend will strengthen you with his prayers, bless you with his love, and encourage you with his hope.

리듬독해 Reading in Rhythm

A friend will strengthen you with his prayers,	친구는 그의 기도로 너를 강하게 할 것이다
bless you with his love,	그의 사랑으로 너를 축복할 것이다
and encourage you with his hope.	그리고 그의 희망으로 너를 격려할 것이다

어휘 strengthen 강하게 만들다 prayer 기도 bless 축복하다 encourage 격려하다

해석 친구는 그의 기도로 너를 강하게 할 것이다, 그의 사랑으로 너를 축복할 것이다, 그리고 그의 희망으로 너를 격려할 것이다.

필자주 사업이 흔들리는 사람에게, 격려보다도, 희망보다도, 자금을 지원하라. 격려만 하고, 희망만 주는 사람은 지갑을 열기 싫은 위선자의 변이다.

❺ A hero is no braver than an ordinary man, but he is braver five minutes longer.

리듬독해 Reading in Rhythm

| A hero is no braver than an ordinary man, | 영웅은 평범한 사람보다 더 용감하지는 않다 |
| but he is braver five minutes longer. | 그러나 그는 5분 더 오래 용감하다 |

어휘 hero 영웅 ordinary 평범한

해석 영웅은 평범한 사람보다 더 용감하지는 않다, 그러나 그는 5분 더 오래 용감하다.

❻ A house is made of walls and beams, and a home is built with love and dreams.

리듬독해 Reading in Rhythm

| A house is made of walls and beams, | 집은 벽과 기둥으로 만들어 진다 |
| and a home is built with love and dreams. | 그리고 가정은 사랑과 꿈들로 지어진다 |

어휘 beam 기둥

해석 집은 벽과 기둥으로 만들어 진다, 그리고 가정은 사랑과 꿈들로 지어진다.

❼ A negative attitude is very contagious and can rub off on you little by little.

> 리듬독해 Reading in Rhythm
>
> A negative attitude is very contagious 　　부정적인 태도는 아주 전염성이 강하다
> and can rub off on you little by little. 　　그리고 조금씩 조금씩 당신을 마멸시킨다

어휘 **negative** 부정적인 **attitude** 태도 **contagious** 전염성이 있는 **rub off** 마멸시키다 **little by little** 조금씩 조금씩

해석 부정적인 태도는 아주 전염성이 강하다 그리고 조금씩 조금씩 당신을 마멸시킨다.

필자주 좋은 말 백 마디로 100명을 모으기는 쉽지 않지만, 나쁜 말 한마디로 100명을 일시에 흩어지게 할 수는 있다.

❽ A short absence quickens love, but a long absence kills it.

> 리듬독해 Reading in Rhythm
>
> A short absence quickens love, 　　짧은 부재는 사랑을 북돋는다,
> but a long absence kills it. 　　그러나 긴 부재는 그것을 죽인다

어휘 **absence** 부재 **quicken** 북돋우다

해석 짧은 부재는 사랑을 북돋는다, 그러나 긴 부재는 그것을 죽인다.

필자주 가족은 아침에 이별하고 저녁에 재회한다. 그러나 애인은 저녁에 만나고, 짧은 만남 후에 그날 저녁에 이별한다. 그래서 결혼 후보다는 결혼 전에 더 사랑이 커진다.

❾ All the passions make us commit faults, and love makes us commit the most ridiculous ones.

> 리듬독해 Reading in Rhythm
>
> All the passions make us commit faults, 　　모든 열정들은 우리를 잘못을 저지르게 만든다
> and love makes us commit 　　그리고 사랑은 우리를 저지르게 만든다
> the most ridiculous ones. 　　가장 우스운 일들을

어휘 **passion** 열정 **commit** 저지르다 **fault** 잘못 **ridiculous** 우스운

해석 모든 열정들은 우리를 잘못을 저지르게 만든다, 그리고 사랑은 우리를 가장 우스운 일들을 저지르게 만든다.

필자주 눈에 콩깍지가 씌워지지 않으면 사랑에 빠지는 일은 없다. 그리고 평생 그 콩깍지만큼 매력적인 것이 없다.

10. Many people spend their health for wealth, and then try to spend their wealth for health.

> **리듬독해 Reading in Rhythm**
>
> Many people spend their health for wealth, — 많은 사람들이 부를 위해서 건강을 쓴다
> and then try to spend their wealth for health. — 그리고 나서 건강을 위해서 그들의 부를 쓰려고 애쓴다

어휘 wealth 부(富) spend 쓰다
해석 많은 사람들이 부를 위해서 건강을 쓴다, 그리고 나서 건강을 위해서 그들의 부를 쓰려고 애쓴다.
필자주 국어라 하고 돈 벌어서 그 돈으로 입원한다. 결국 입원비 벌려고 일하는 셈이다.

11. An evil man dies and the world rejoices, and he cries.

> **리듬독해 Reading in Rhythm**
>
> An evil man dies — 악한 사람이 죽는다
> and the world rejoices, — 그러면 세상은 기뻐한다
> and he cries. — 그리고 그는 운다

어휘 evil 사악한 rejoice 기뻐하다
해석 악한 사람이 죽는다 그러면 세상은 기뻐한다 그리고 그는 운다.

12. Any fool can condemn others and most fools do.

> **리듬독해 Reading in Rhythm**
>
> Any fool can condemn others — 어떤 바보도 다른 사람들을 비난할 수 있다
> and most fools do. — 그리고 대부분 바보들이 한다

어휘 condemn 비난하다
해석 어떤 바보도 다른 사람들을 비난할 수 있다 그리고 대부분 바보들이 한다.
필자주 비난으로 상대방을 설득할 수는 없다. 만약 설득이 된다면 그 사람이 더 대단하다.

13 Any man can be a father, but it takes a special man to be a dad.

> **리듬독해 Reading in Rhythm**
>
> Any man can be a father, 어떤 남자도 아버지는 될 수 있다
> but it takes a special man to be a dad. 그러나 아빠가 되는 것은 특별한 사람을 요한다

해석 어떤 남자도 아버지는 될 수 있다, 그러나 아빠가 되는 것은 특별한 사람을 요한다.

필자주 요즈음 아버지는 멀게 느껴지고 나이가 든 사람들만 쓴다. 아버지가 아빠가 되고 나니 큰아버지=큰아빠 작은 아버지=작은 아빠 아직 우리는 쓰지 않지만 영어에는 할아빠(granddaddy)가 있다. 이러다가 기독교인들은 하늘 아빠라는 말을 사용하는 날이 올 것 같다.

14 Be a good listener and your ears will never get you in trouble.

> **리듬독해 Reading in Rhythm**
>
> Be a good listener 훌륭한 청취자가 되라
> and your ears will never get you 그러면 너의 귀는 결코 너를 몰아넣지 않을 것이다
> in trouble. 고통 속으로

어휘 listener 청취자 trouble 고통, 문제거리

해석 훌륭한 청취자가 되라 그러면 너의 귀는 결코 고통 속으로 너를 몰아넣지 않을 것이다.

필자주 입은 하나, 귀는 둘인 이유: 두 배로 듣고 반만 말하라. 말씀은 옳으나 여~엉 입이 근질거려서리 쉽지가 않다

15 Be cautious in choosing friends, and be even more cautious in changing them.

> **리듬독해 Reading in Rhythm**
>
> Be cautious in choosing friends, 친구를 선택하는 데에 조심하라
> and be even more cautious 그리고 훨씬 더 조심하라
> in changing them. 그들을 변화시키는 데는

어휘 cautious 조심하는

해석 친구를 선택하는 데에 조심하라 그리고 그들을 변화시키는 데는 훨씬 더 조심하라.

16 Charity should begin at home, but most people don't stay at home long enough to begin it.

리듬독해 Reading in Rhythm

Charity should begin at home,   자비는 가정에서 시작되어야 한다
but most people don't stay at home   그러나 대부분 사람들이 집에 머물지는 않는다
long enough to begin it.   그것을 시작할 만큼 충분히 오래

어휘 charity 자비

해석 자비는 가정에서 시작되어야 한다, 그러나 대부분 사람들이 그것을 시작할 만큼 충분히 오래 집에 머물지는 않는다.

17. Discipline without freedom is tyranny, while Freedom without discipline is chaos.

리듬독해 Reading in Rhythm

Discipline without freedom   자유가 없는 규율은
is tyranny,   폭정이다
while Freedom without discipline   반면에 규율이 없는 자유는
is chaos.   혼돈이다

어휘 discipline 규율   tyranny 폭정   chaos 혼돈

해석 자유가 없는 규율은 폭정이다, 반면에 규율이 없는 자유는 혼돈이다.

필자주 모두가 완벽한 자유를 가지고 있다면 아무도 자유를 가지고 있지 않은 것이다. 자유란 남에게 부당한 구속을 당하지 않는 자유를 말한다.

18. Hope sees the invisible, feels the intangible, and achieves the impossible.

리듬독해 Reading in Rhythm

Hope sees the invisible,   희망은 보이지 않는 것을 보며,
feels the intangible,   무형의 것을 느끼며,
and achieves the impossible.   그리고 불가능한 것을 성취한다

어휘 invisible 보이지 않는   intangible 무형의   achieve 성취하다   impossible 불가능한

해석 희망은 보이지 않는 것을 보며, 무형의 것을 느끼며, 그리고 불가능한 것을 성취한다.

19 I didn't have time to write a short letter, so I wrote a long one instead.

> **리듬독해 Reading in Rhythm**
>
> I didn't have time   나는 시간이 없었다,
> to write a short letter,   짧은 편지를 쓸
> so I wrote a long one instead.   그래서 나는 대신에 긴 편지를 썼다

어휘 instead 대신에

해석 나는 짧은 편지를 쓸 시간이 없었다, 그래서 나는 대신에 긴 편지를 썼다.

20 Give a man a fish, and you feed him for a day; teach a man to fish, and he'll invite you to dinner.

> **리듬독해 Reading in Rhythm**
>
> Give a man a fish,   한 사람에게 물고기 한 마리를 주어라,
> and you feed him for a day;   그러면 그는 하루 동안 그에게 먹을 것을 준다
> teach a man to fish,   한 사람에게 낚시를 가르쳐라,
> and he'll invite you to dinner.   그러면 그는 저녁식사에 당신을 초대할 것이다

어휘 feed 먹을 것을 주다

해석 한 사람에게 물고기 한 마리를 주어라, 그러면 그는 하루 동안 그에게 먹을 것을 준다; 한 사람에게 낚시를 가르쳐라, 그러면 그는 저녁식사에 당신을 초대할 것이다.

필자주 유태인식 빚 받기 : 돈을 빌려 준 사람이 사업이 곤란하여 제 때에 빚을 갚지 못하면 그 빚은 갚을 수 있도록 그의 사업을 도와 준다. 재빠진 놈 뺨 때리기라고 사업이 곤란한 지경에 있는 사람의 자금과 부동산을 차압하여 일어설 수 있게 만들고 빌려준 돈의 일부를 돌려 받는 것보다 그를 일으켜 세워서 이자까지 받는 것이 더 현명하지 않을까? 덕분에 "은인"이라는 말은 덤으로 얻고……

Lecture 11
복문 판단 훈련

Lecture Target

❶ 종속절의 형태를 이해한다.
❷ 종속절의 품사를 판단한다.
❸ 복문을 간문으로 다룬다.

Lecture 11
01 종속접속사의 종류

명사절 접속사	that, what, if, whether
형용사절 접속사	관계사
부사절 접속사	나머지

Examples

1 Anything you lose automatically doubles in value.

> **리듬독해 Reading in Rhythm**
>
> Anything you lose   당신이 잃어버리는 어떤 것도
> automatically doubles in value. 가치에 있어서 자동적으로 두 배가 된다

어휘 lose 잃다　automatically 자동적으로　double 배가 되다　value 가치
해석 당신이 잃어버리는 어떤 것도 가치에 있어서 자동적으로 두 배가 된다.
해설 you lose 앞에 접속사 that이 생략되었다.
필자주 놓친 물고기 영원히 자란다, 낚시꾼의 허풍 속에서… 그래서 허풍을 big fish라고 한다.

2 A bank is a place that will lend you money if you can prove that you don't need it.

> **리듬독해 Reading in Rhythm**
>
> A bank is a place   은행은 장소이다
> that will lend you money   돈을 당신에게 빌려 줄
> if you can prove   만약 당신이 증명할 수 있다면
> that you don't need it.   당신이 그것이 필요 없다는 것을

해석 은행은 만약 당신이 그것이 필요 없다는 것을 증명할 수 있다면 돈을 당신에게 빌려 줄 장소이다.
필자주 그래도 싼 이자에 돈 빌려주는 곳은 은행밖에 없다.

3 A bookstore is one of the only pieces of evidence we have that people are still thinking.

> **리듬독해 Reading in Rhythm**
>
> A bookstore is   서점은 ~이다
> one of the only pieces of evidence   유일한 증거의 조각들 중에

R·E·A·D·I·N·G·I·N·R·H·Y·T·H·M

// we have　　　　　　　　　　　우리가 가지고 있는
that people are still thinking.　사람들이 아직은 생각하고 있는 중이라는

어휘　piece 조각　evidence 증거
해석　서점은 사람들이 아직은 생각하고 있는 중이라는 우리가 가지고 있는 유일한 증거의 조각들 중에 하나이다.
해설　we have 앞에 접속사 that이 생략되었다.
필자주　책은 종이로 되어야 한다. e-book은 형광등에 쓰여진 글자를 읽는 것과 같다. 슬픈 이야기도 밝은 불빛을 통하여 본다.

❹ A child's life is like a piece of paper on which every person leaves a mark.

리듬독해 Reading in Rhythm

A child's life is like a piece of paper　　한 아이의 인생은 한 장의 종이와 같다
on which every person leaves a mark.　모든 사람들이 표시를 남기는

어휘　leave 남기다　mark 표시
해석　한 아이의 인생은 모든 사람들이 표시를 남기는 한 장의 종이와 같다.
필자주　인생은 사방에 눈치볼 일뿐이다. 특히 아이들이 가장 무섭다. 아이들이 나쁜 사람이라고 하면 변명도 통하지 않고 용서도 없다. 무조건 나쁜 사람이 된다.

❺ A conclusion is simply the place where you got tired of thinking.

리듬독해 Reading in Rhythm

A conclusion is simply the place　　　결론은 단순한 장소이다
where you got tired of thinking.　　　당신이 생각하기에 질린

어휘　conclusion 결론　get tired 피곤해지다
해석　결론은 당신이 생각하기에 질린 단순한 장소이다.

❻ A cynic is someone who knows the price of everything and the value of nothing.

리듬독해 Reading in Rhythm

A cynic is someone　　　　　　　　　　냉소가는 사람이다
who knows the price of everything　모든 것의 가격을 알고 있는
and the value of nothing.　　　　　　그리고 어떠한 것의 가치도 모르는

Lecture 11 복문 판단 훈련　97

어휘	cynic 냉소가
해석	냉소가는 모든 것의 가격을 알고 어떠한 것의 가치도 모르는 사람이다.
필자주	이런 사람들은 언제나 빼딱하게 볼 만반의 준비가 되어 있다. 자기 칭찬에서 조차 꼬빼기 모양 비꼰다. "코트가 멋있군요." "에이, 살 때는 몰랐는데, 디자인이 영 아니에요." 등등……

❼ Ten dollars can look so big when you take it to church, and so small when you take it to the store.

리듬독해 Reading in Rhythm

Ten dollars can look so big	10달러는 아주 커 보인다
when you take it to church,	당신이 그것을 교회에 가져 갈 때에
and so small	그리고 아주 작아 보인다
when you take it to the store.	당신이 상점에 그것을 가져 갈 때에

해석	10달러는 당신이 그것을 교회에 가져 갈 때에 아주 커 보인다, 그리고 당신이 상점에 그것을 가져 갈 때에 아주 작아 보인다.
필자주	100달러 지폐와 1달러 지폐가 오랜 만에 만났다. 1달러 : 우리도 이제는 많이 낡았구나, 그 동안 어떻게 지냈어? 100달러 : 응 신났었지. 세계를 다 돌아 다녔어: 고급레스토랑, 비행기, 카지노, 하와이, 런던…. 그런데 너는? 1달러 : 응, 나는 단조로웠어: 교회나 성당, 교회나 성당, 그리고 또 교회나 성당.

❽ A father is someone who carried snapshots where his money used to be.

리듬독해 Reading in Rhythm

A father is someone	아버지는 사람이다
who carried snapshots	스냅사진을 지니고 다니는
where his money used to be.	그의 돈이 있었던

어휘	carry 지니고 다니다
해석	아버지는 그의 돈이 있었던 곳의 스냅사진을 지니고 다니는 사람이다.
필자주	〈영화 속 이야기〉 아빠를 미워하는 한 처녀가 "아빠는 제가 어렸을 때도 제게 무관심 했잖아요!" 제가 찍힌 사진들을 보면 아빠는 거의 보이질 않아요. 아빠 왈, "언제나 중요한 순간에 너와 함께 있었다. 나는 카메라를 잡고 있었다." 가족 사진앨범을 보세요. 거기에 아빠 사진은 거의 없을 겁니다. 돈 대신 봉에다가 카메라맨이었으니까요.

❾ A good laugh is the best medicine, whether you are sick or not.

> **리듬독해 Reading in Rhythm**
>
> A good laugh is the best medicine, 좋은 웃음은 최상의 약이다,
> whether you are sick or not. 당신이 아프건 아니건 간에

어휘 medicine 약
해석 좋은 웃음은 최상의 약이다, 당신이 아프건 아니건 간에.

❿ A man is not old until regrets take the place of dreams.

> **리듬독해 Reading in Rhythm**
>
> A man is not old 사람은 늙지 않았다
> until regrets take the place of dreams. 후회들이 꿈들의 자리를 차지할 때까지는

어휘 regret 후회   take the place 자리를 차지하다
해석 사람은 후회들이 꿈들의 자리를 차지할 때까지는 늙지 않았다.
필자주 여자는 보이는 것이 나이이고, 남자는 느끼는 것이 나이이다. 그러나 남녀 공히 유행가 가사처럼 "꿈은 사라지고." 후회가 그 자리에 있으면 늙은 것이다.

⓫ A man can have no better epitaph than that which is inscribed in the hearts of his friends.

> **리듬독해 Reading in Rhythm**
>
> A man can have no better epitaph 사람은 더 나은 어떠한 비문도 가질 수 없다
> than that 그것보다
> which is inscribed 새겨진
> in the hearts of his friends. 그의 친구들의 마음 속에

어휘 epitaph 비문   inscribe 새기다
해석 사람은 그의 친구들의 마음에 새겨진 것보다 더 나은 어떠한 비문을 가질 수 없다.
필자주 죽은 친구가 아깝지 않은 사람이 없다. 심지어는 악역일 때도 나의 선함을 비춰주는 거울이었으니까. 주위에 너무 착한 사람들이 많으면 내가 나쁜 놈으로 비춰진다.

12. A penny will hide the biggest star in the universe if you hold it close enough to your eye.

> **리듬독해 Reading in Rhythm**
>
> A penny will hide the biggest star
> in the universe
> if you hold it
> close enough to your eye.
>
> 1페니는 가장 큰 별을 가릴 것이다
> 우주에 있는
> 만약 당신이 그것을 가져간다면
> 당신의 눈에 충분히 가까이

어휘 hide 숨기다 close 가까운

해석 1 페니는 우주에 있는 가장 큰 별을 가릴 것이다 만약 당신이 당신의 눈에 충분히 가까이 그것을 가져간다면.

필자주 퀴즈: 이 세상에서 가장 무거운 것, 답: 졸리울 때 눈꺼풀
헤라클래스도 못 들었고, 이 세상 어떤 강력한 기중기도 절대 들어 올리지 못한다.
운전 중에는 목숨을 걸고 자기도 한다.

13. A person's faith is not judged by what he says about it, but by what he does about it.

> **리듬독해 Reading in Rhythm**
>
> A person's faith is not judged
> by what he says about it,
> but by what he does about it.
>
> 한 사람의 믿음은 판단되지 않는다
> 그가 그것에 대해 말한 것에 의해서
> 그러나 그가 그것에 대해 행한 것에 의해서

어휘 faith 믿음 judge 판단하다

해석 한 사람의 믿음은 그가 그것에 대해 말한 것에 의해서 아니라 판단되는 것이 아니라 그러나 그가 그것에 대해 행한 것에 의해서 판단되어 진다.

14. A psychiatrist is someone who hopefully finds out what makes a person tick before it explodes!

> **리듬독해 Reading in Rhythm**
>
> A psychiatrist is someone
> who hopefully finds out
> what makes a person tick
> before it explodes!
>
> 심리학자는 사람이다
> 희망적으로 찾아내는
> 무엇이 사람을 똑딱거리게 만드는 지를
> 그것이 폭발하기 전에

| 어휘 | psychiatrist 심리학자   finds out 찾아내다   tick 똑딱거리다   explodes 폭발하다 |
| 해석 | 심리학자는 무엇이 사람을 똑딱거리게 만드는 지를 그것이 폭발하기 전에 희망적으로 찾아내는 사람이다. |

15. A simple realization that there are other points of view is the beginning of wisdom.

> 리듬독해 Reading in Rhythm
>
> A simple realization   단순한 인식은
> that there are other points of view   다른 견해도 있다는
> is the beginning of wisdom.   지혜의 시작이다

어휘	realization 인식 points of view 견해 wisdom 지혜
해석	다른 견해도 있다는 단순한 인식은 지혜의 시작이다.
필자주	"네 말도 일리가 있다."라는 말은 당신의 인격을 크게 격상시킨다.

16. A smile is the cheapest way to improve your looks, even if your teeth are crooked.

> 리듬독해 Reading in Rhythm
>
> A smile is the cheapest way   미소는 가장 값싼 방법이다
> to improve your looks,   당신의 표정을 개선할
> even if your teeth are crooked.   비록 당신의 치아들이 삐뚤어졌다고 해도

어휘	cheapest 가장 값싼 look 표정 crooked 삐뚤어진
해석	미소는 당신의 표정을 개선할 가장 값싼 방법이다, 비록 당신의 치아들이 삐뚤어졌다고 해도.
필자주	같은 웃음이라도 즐거운 웃음은 명약이지만 비웃음은 독약이다. 독약은 단 한가지 용도 밖에는 없다. 즉, 죽음이다.

17. A woman will always cherish the memory of the man who wanted to marry her.

> 리듬독해 Reading in Rhythm
>
> A woman will always cherish   여성은 언제나 소중히 여긴다
> the memory of the man   그 남자에 대한 추억을
> who wanted to marry her.   그녀와 결혼하기를 원했던

어휘	**cherish** 소중히 여기다
해석	여성은 그녀와 결혼하기를 원했었던 그 남자에 대한 추억을 언제나 소중히 여긴다.
필자주	백마를 탄 흑기사도 있지만, 온달장군도 있다. 모든 위대한 사람 뒤에는 언제나 슬기로운 여성이 있다. 그래서 남편이 2성 장군이면, 아내는 3성 장군이다.

⑱ Admitting // you're wrong is like saying // you're wiser today than you were yesterday.

> 리듬독해 Reading in Rhythm
>
> Admitting // you're wrong   당신이 잘못했다고 인정하는 것은
> is like saying   말하는 것과 같다
> // you're wiser today   당신이 오늘 더 현명하다고
> than you were yesterday.   당신이 어제 그랬던 것보다 더

어휘	**admit** 인정하다
해석	당신이 잘못했다고 인정하는 것은 당신이 어제 그랬던 것보다 더 오늘 더 현명하다고 말하는 것과 같다.
해설	you're wiser 앞에 접속사 that이 생략되었다.

⑲ All mankind is divided into three classes: those who are immovable, those who are movable, and those who move.

> 리듬독해 Reading in Rhythm
>
> All mankind is divided into three classes: 모든 인류는 세가지 층으로 분류된다:
> those who are immovable,   움직일 수 없는 사람들
> those who are,   움직일 수 있는 사람들
> and those who move.   그리고 움직이는 사람들

어휘	**mankind** 인류 **divide** 나누다 **immovable** 움직일 수 없는 **movable** 움직일 수 있는
해석	모든 인류는 세가지 층으로 분류된다: 움직일 수 없는 사람들, 움직일 수 있는 사람들, 그리고 움직이는 사람들.
필자주	move는 '감동을 주다'로 해석될 수도 있다.

⑳ An adolescent is a person who acts like a baby when they aren't treated like an adult.

리듬독해 Reading in Rhythm

An adolescent is a person 미성년자는 사람이다
who acts like a baby 아기처럼 행동하는
when they aren't treated like an. 그들이 성인으로 대우받지 못할 때

어휘 **adolescent** 미성년자 **treat** 대우하다 **adult** 성인

해석 미성년자는 그들이 성인으로 대우받지 못할 때 아기처럼 행동하는 사람이다.

필자주 〈탈무드의 말〉
부모님들이여, 당신들의 자녀들은 당신들이 생각하는 것보다 5살 더 많습니다.
그리고 자녀들이여, 당신들의 나이는 당신들이 생각하는 것보다 3살 더 적습니다.
부모들 : 쪼끄만 게 뭘 안다고…. (사실 알 건 다 안다.)
자녀들 : 저도 다 알아요. (알기 뭘 알아. 너 같은 자식 낳아 봐라, 그때도 같은 말 하는지)

Lecture 12
해석 방향

Lecture Target

① 구를 정확하게 해석한다.
② 문장해석을 정확하게 한다.
③ 정치, 도치, 삽입을 적절하게 해석한다.
④ 직역한다.

Lecture 12   01 해석방향의 중요성

① 해석 방향이 틀리면 해석이 달라진다.
② 구의 종류에 따라 방향이 달라진다.
③ 수식어의 위치에 따라 해석이 달라진다.

Examples

1. can coffee   깡통에 든 커피
   coffee can   커피 담는 깡통

   building top   건물 꼭대기
   top building   최고의 건물

   blue sky   푸른 하늘
   sky blue   하늘색

2. love of power   권력욕
   power of love   사랑의 힘

   sports of the world   세계의 스포츠
   the world of sports   스포츠의 세계

   the picture in the box   상자 안에 있는 그림
   box in the picture   그림 안에 있는 상자

3. like coffee   커피를 좋아하다
   like coffee with cream and sugar   크림과 설탕을 넣은 커피

   meet friend   친구를 만나다
   meet friend every Sunday   매주 일요일 친구를 만나다

   wrote letters   편지들을 썼다
   wrote letters about the accident   그 사고에 관한 편지들을 썼다

Examples

❶ To know is nothing; to imagine is everything.

리듬독해 Reading in Rhythm

| To know is nothing; | 안다는 것은 전혀 중요한 것이 아니다; |
| to imagine is everything. | 상상하는 것이 가장 중요한 것이다. |

어휘 nothing 전혀 중요하지 않은 것 everything 가장 중요한 것
해석 안다는 것은 전혀 중요한 것이 아니다; 상상하는 것이 가장 중요한 것이다.

❷ A community is like a ship; everyone ought to be prepared to take the helm.

리듬독해 Reading in Rhythm

A community is like a ship;	공동체는 배와 같다
everyone ought to be prepared	모든 사람들은 준비가 되어 있어야 한다
to take the helm.	조타기를 잡을

어휘 community 공동체 prepare 준비하다 helm 조타기
해석 공동체는 배와 같다; 모든 사람들은 조타기를 잡을 준비가 되어 있어야 한다.

❸ From what we get, we can make a living; what we give, however, makes a life.

리듬독해 Reading in Rhythm

From what we get,	우리가 얻는 것으로부터
we can make a living;	우리는 먹고 살 수 있다;
what we give,	우리가 주는 것은
however, makes a life.	그러나 인생을 만든다

어휘 living 먹고 사는 일 life 인생 make a living 먹고 살다
해석 우리가 얻는 것으로부터, 우리는 먹고 살 수 있다; 그러나, 우리가 주는 것은, 인생을 만든다.

❹ On the other hand, he was making another plan to betray his people.

Lecture 12 해석 방향 107

> 리듬독해 Reading in Rhythm
>
> On the other hand,　　　　　　한편
> he was making another plan　　그는 또 다른 계획을 짜고 있었다
> to betray his people.　　　　　그의 국민을 배신할

어휘 betray 배신하다
해석 한편, 그는 그의 국민을 배신할 또 다른 계획을 짜고 있었다.

❺ As a special field, the scientists has studied a telepathy.

> 리듬독해 Reading in Rhythm
>
> As a special field,　　　　　　　　　특별한 분야로서,
> the scientists has studied a telepathy.　그 과학자들은 텔레파시를 연구해왔다

어휘 field 분야　telepathy 텔레파시
해석 특별한 분야로서, 그 과학자들은 텔레파시를 연구해왔다.

❻ At last, my friend Tom made up his mind to go back to his home and be a farmer.

> 리듬독해 Reading in Rhythm
>
> At last,　　　　　　　　　　　　　마침내,
> my friend Tom made up his mind　나의 친구 탐은 결심을 했다
> to go back to his home　　　　　 그의 고향으로 돌아 가기로
> and be a farmer.　　　　　　　　 그리고 농부가 되기로

어휘 at last 마침내　make up one's mind 결심하다
해석 마침내, 나의 친구 탐은 그의 고향으로 돌아 가서 그리고 농부가 되기로 결심을 했다.

❼ Dr. George Washington Cover, who was the first black collegian in American history, saved the southern part of the US.

리듬독해 Reading in Rhythm

Dr. George Washington Cover,	조지 워싱턴 커버 박사,
who was the first black collegian	최초의 흑인 대학생이 되었던 사람
in American history,	미국 역사에서
saved the southern part of the US.	미국 남부 지역을 구했다

어휘 collegian 대학생   southern part 남부 지역

해석 조지 워싱턴 커버 박사, 미국 역사에서 최초의 흑인 대학생이 되었던 사람은 미국 남부 지역을 구했다.

Lecture 12 — 02 해석방향의 기본 원칙

① 영어는 우리말과 어순이 90%이상 같다.

영어가 우리말과 어순이 다른 것은 물론 사실이다. 그러나 엉망진창, 뒤죽박죽으로 다른 것은 절대 아니고 아주 적은 부분에서만 다르다. 오직 아래의 2가지 경우에만 다르다.

② 동사와 전치사를 기준으로 역순

동사와 전치사는 아주 다정한 품사라서 해석 시에는 아무리 멀리 가더라도 도로 끌고 오는 성질이 있다. 동사나 전치사가 있으면 해석이 역순으로 돌아와야 우리말로 타당해 진다.

③ 부호는 건너갈 수 없다.

어떤 부호든지 일단 내용이 끝난 것이다. 해석이 돌아올 수 없는 막이 쳐 진 것이므로 부호를 넘나들며 해석하는 것은 오류이다. 영어 문장과 똑같은 위치에 똑같은 부호를 찍으면 틀리는 일은 절대 없다.

④ 삽입은 맨 먼저, 동격은 제자리

1. 삽입 = 부사 원래는 맨 먼저 말을 하려 했으나 건망증으로 인하여 문득 중간에 생각이 난 것이므로 당연한 제 위치인 문장 맨 앞으로 보내서 먼저 해석해야 옳다.
2. 동격 = 원래는 관계사로 추가 설명을 해야 하지만 그냥 간단히 명사를 추가하여 설명한 것이다. 따라서 동격은 [즉]을 추가 해서 해석하면 저자 의도에 합치된다.

03 수식위치의 기본원칙

Lecture 12

1. 단어는 단어 앞 (전치 수식)
2. 구와 절은 단어 뒤 (후치 수식)
3. every-, any-, no-는 단어 뒤

Examples

1. flower 꽃
   beautiful flower 아름다운 꽃
   very beautiful flower 정말 아름다운 꽃

2. tree 나무
   tall tree 큰 나무
   elegant tall tree 우아한 큰 나무

3. machine 기계
   developed machine 개발된 기계
   latest developed machine 최근에 개발된 기계

4. streets 도로들
   city streets 도시 도로들
   busy city streets 붐비는 도시 도로들

구(句)는 단어 뒤

1. room 방
   room with a window 창문이 있는 방
   room with a window facing west 서향 창문이 있는 방

2. yacht 요트
   white yacht 하얀 요트
   white yacht sailing in the twilight 노을 속을 항해 중인 하얀 요트

3. go 가다
   often go 종종 가다
   go very often 아주 종종 가다

4. windows 창문들
   broken windows 깨진 창문들
   windows broken by the children 아이들에 의해 깨진 창문들

절은 단어 뒤

1. car 차
   nice car 멋진 차
   nice car in the garage 차고에 있는 산 멋진 차
   nice car which he bought last week 그가 지난 주에 산 멋진 차

2.　　　　friend　　　　　　　　　　　　　친구
　　closest friend　　　　　　　　　　　가장 가까운 친구
　　closest friend who has been with　　20년 동안 그와 함께 한 가장 가까운 친구
　　him for 20 years

3.　　　　reason　　　　　　　　　　　　이유
　　ridiculous reason　　　　　　　　　　우스운 이유
　　ridiculous reason why he met those people　　그가 그런 사람들을 만났던 우스운 이유

4.　　　　time　　　　　　　　　　　　　때
　　right time　　　　　　　　　　　　　옳은 때
　　right time when they should start the business　　그들이 그 사업을 시작해야 할 옳은 때

every-, some-, any-, no-는 단어 뒤

1. everything　　　　　　　　　　　　　모든 것
　　everything good　　　　　　　　　　좋은 모든 것

2. something　　　　　　　　　　　　　어떤 것
　　something new　　　　　　　　　　　새로운 어떤 것

3. nothing　　　　　　　　　　　　　　아무 것도 없는 것
　　nothing special　　　　　　　　　　　특별할 것이 아무 것도 없는 것

| 4. mission | 임무 |
| mission impossible | 불가능한 임무 |

해설 mission which is impossible이 줄여 진 형태이다.

| 5. room | 방 |
| room available | 사용 가능한 방 |

해설 room which is available이 줄여 진 형태이다.

| 6. things | 물건들 |
| things necessary | 필요한 물건들 |

해설 things which are necessary가 줄여 진 형태이다.

Lecture 13
품사간 수식관계

Lecture Target

1. 문장은 품사의 나열이다.
2. 품사가 다르면 해석도 다르다.
3. 문장에서 품사를 정확하게 구분한다.
4. 품사간의 수식관계를 정확하게 이해한다.

Lecture 13
01 문장구조의 기본원칙

영문법은 이 한마디를 기본 철학으로 하고 이 구문론에 따른 원칙을 철저히 지킨다. 지키면 Grammatical English가 되고 아니면 Broken English가 된다.

문장구조의 기본 원칙

올 곳에 올 것이 와야 한다
어순   품사

1. **명명** — 명사 + 명사
2. **부부형명** — 부사 + 부사 + 형용사 + 명사
3. **조동** — 조동사 + 동사
4. **동부 / 부동** — 동사 + 부사 / 부사 + 동사
5. **전명** — 전치사 + 명사
6. **분명** — 분사 + 명사
7. **동명** — 동명사 + 명사
8. **명구** — 명사 + 형용사구
9. **명절** — 명사 + 형용사절(관계사절)
10. **접주 / 접동** — 접속사 + 주어

Examples of 명명

summer vacation	여름 휴가
city tour	도시 관광
government officials	정부 고위관리
Air Force	공군
the World Peace Forum	세계 평화 광장

Examples of 부부형명

widely spread rumor	널리 퍼진 소문
incredibly long bridge	믿을 수 없게 긴 다리
rather hot summer afternoon	다소 더운 여름 오후

very interesting outdoor sports	아주 재미있는 옥외 스포츠
impressively well-designed children's park	인상적으로 잘 디자인된 어린이 공원

Examples of 조동

can understand	이해할 수 있다
must check	검사해야 한다
had better keep quiet	침묵을 지키는 게 더 낫다
would rather stay home	오히려 집에 머무르는 게 더 낫다
ought to prepare	준비하는 게 당연하다

Examples of 동부 / 부동

work very hard	아주 열심히 일하다
drive carefully	조심스럽게 운전하다
accept seriously	심각하게 받아들이다
always smile	언제나 미소짓는다
sometimes visit	때때로 방문한다

Examples of 전명

in the room	방 안에
on the moon	달 위에
for better life	더 나은 삶을 위해서
with a warm heart	따뜻한 마음을 가지고
during the school days	학창 시절 동안에

Examples of 분명(현재분사)

flying bird 나는 새
running stream 흐르는 시냇물
smiling wild flowers 미소짓고 있는 야생화
waving trees 손을 흔드는 나무들
laughing kids 웃고 있는 아이들

Examples of 과거분사

lonely heart 고독한 마음
deserted farmland 버려 진 농토
fallen leaves 낙엽
torn flags 찢겨 진 깃발
weathered rocks 풍화가 된 바위들

Examples of 동명

dining table 식탁
rocking chair 흔들이 의자
cooling fan 냉각팬
singing stage 노래하기 위한 무대
observing binoculars 관찰용 쌍안경

해설 동명사가 목적, 용도로 쓰인 경우

Examples of 명구

house on the hill 동산 위에 있는 집

house both beautiful and comfortable	아름답고도 안락한 집
house being built by us	우리들에 의해서 건설되고 있는 집
house built last year	지난 달 지어 진 집
house to live with my parents	나의 부모님과 함께 살 집

Examples of 명절

man who will go there with you	너와 함께 거기에 갈 사람
car which was made in Korea	한국에서 만들어 진 차
only plan that could solve the problem	그 문제를 해결할 수 있는 유일한 계획
proper time when he proposed her to marry	그가 결혼하자고 그녀에게 청혼했던 적절한 때
good reason why he refused their offer	그가 그들의 제안을 거절했던 좋은 이유

Lecture 14
단문의 구조

Lecture Target

❶ 모든 문장의 기본이다.
❷ 단문의 구조는 이 1개 뿐이다.
❸ 문장은 구성요소의 배열이다.
❹ 중문, 복문, 혼문은 단문의 연결이다.

Lecture 13 · 01 단문의 구조

주어	동사	목적어	보어	수식어
명사	Be 동사	명사	명사	부사
명사구	일반동사	명사구	형용사	부사구
명사절		명사절	동명사	부사절
대명사		대명사	to부정사	
동명사		동명사	과거분사	
to부정사		to부정사		

Lecture 13 · 02 Further Detail

주어	
명사	program, enthusiasm, success
명사구	computer program
명사절	what I want
대명사	I, you, he, she, we, you, they
동명사	helping the poor people
to부정사	to be with you

동사	
Be 동사	am, are, is
일반동사	나머지

목적어	
명사	truth, joy, hope
명사구	eternal truth
명사절	that you are warm-hearted
대명사	me, you, him, her, us, you, them
동명사	takin a long vacation
to부정사	to live in peace

보어	
명사	area, stream, plant
형용사	cool, diligent, lucky
동명사	smiling, waving, accompanying
to부정사	to know the truth
과거분사	satisfied, excited, tired

수식어	
부사	here, beautiful, peacefully
부사구	at the seaside, with her
부사절	when I feel lonely

03 5 형식 구분

모든 단문은 이 다섯 가지 형태를 가지고 있으며 이를 지키면 Grammatical English가 되고 어기면 Broken English가 된다.

- **1형식** 주어 + 동사
- **2형식** 주어 + 동사 + 보어
- **3형식** 주어 + 동사 + 목적어
- **4형식** 주어 + 동사 + 간목 + 직목
- **5형식** 주어 + 동사 + 목적어 + 보어

Lecture 15
문장 구성요소 (판단법 전체)

Lecture Target

❶ 문장의 구성요소를 정확하게 판단한다.
❷ 문법적, 어법적 불편요소를 제거한다.
❸ 정확한 해석을 한다.
❹ 문장 판단능력을 기른다.

Lecture 15   01 문장 구성요소(판단법 전체)

주어 판단법
1. 동사 앞에 명사
2. 전치사가 붙어 있지 않은 첫 명사
3. 대명사의 주격
4. ~은, ~는, ~이, ~가, ~도

동사 판단법
1. 주어 뒤에 있는 것
2. 품사에서 동사
3. 시제의 변화 * 12시제 → *능동태 12시제, 수동태 8시제
4. 조동사 + 동사
5. 동사 + 부사 / 부사 + 동사
6. There is / There are
7. ~이다, ~하다

be 동사 해석 요령

          명사 = 주격 보어 : ~이다
Be + 형용사 = 주격 보어 : ~하다
          부사 = 수식어 : ~있다

일반동사 해석 요령

          명사 = 주격 보어 : ~을, ~를, ~에게
일반 + 형용사 = 주격 보어 : ~게 되다
          부사 = 수식어 : ...

주격 보어 판단법
1. Be 뒤에 명사, 형용사
2. 일반 동사 뒤에 형용사
3. ~이, ~하, ~게 되다

목적어 판단법

1. 일반 동사 뒤에 명사
2. 수여동사는 목적어가 두 개
3. 앞에 오면 간목, 뒤에 오면 직목
4. 간목 : ~에게 / 직목 : ~을, ~를

주어동사 문장 형태

주어	+	동사	+	명사	+	명사
				간목		직목
				~에게		~을,~를

목적격 보어 판단법

1. 목적어 뒤에 전치사, 부사가 아닌 것이 올 때
2. 목적어와 관련이 있다.
3. 사역동사, 지각동사 등이 해당된다.

목적격 보어 형태

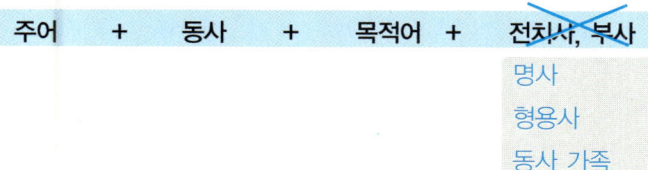

목적어	+	~~전치사, 부사~~	
		명사	신분, 정체
		형용사	성질, 상태
		동사 가족	원형부정사: 동작
			to부정사: 동작
			현재분사: 진행 중인 동작
			과거분사: 수동의 결과

Lecture 16
주어 판단법

Lecture Target

❶ 문장에서 주어를 정확하게 판단한다.
❷ 능동태와 수동태를 정한다.
❸ 해석의 시작점을 정한다.

Lecture 16　01　주어 판단법

① 동사 앞에 명사
② 전치사가 붙어 있지 않은 첫 명사

동사 앞에 명사

1. I am your friend.
2. I is a letter.
3. You missed I in this sentence.

해석 1. 나는 너의 친구이다.
해설 주어는 당연히 I 이다.
해석 2. I는 문자이다.
해설 이 문장에서 I는 대명사가 아니라 단순히 I 라는 문자로 쓰였다.
해석 너는 이 문장에서 I를 빼먹었다.
해설 이 문장에서 I는 missed 뒤에 온 목적어이며 2번 문장과 마찬가지로 단순히 문자로 쓰였다.
필자주 다소 문법적으로 억지가 있는 것처럼 보여도 이런 식의 표현은 영어로 수업이 진행되는 클래스에서는 무수히 나오는 자연스러운 표현들이다.

1. They will say, "He is my friend."
2. They is a plural form of the third person.
3. Change they to them.

어휘 plural 복수의
해석 1. 그들은 말할 것이다, "그는 나의 친구이다."라고.
해설 주어는 당연히 They와 He이다.
해석 2. They는 3인칭의 복수형태이다.
해설 이 문장에 They는 They라는 문자로 쓰였다.
해석 3. them으로 they를 바꾸어라.
해설 이 문장에서 they는 Change다음에 온 단순히 문자로써 목적어로 쓰였다.

1. 'Like' means 'to be fond of.'
2. 'Love' is stronger feeling than 'like.'

3. 'Met' is the past form of 'meet.'

어휘 past form 과거 형태
해석 1. Like는 "be fond of"의 의미이다.
해설 like는 문자로 쓰였다.
해석 2. "Love"는 "like"보다 더 강한 감정이다.
해설 love는 문자로 쓰였다.
해석 3. "Met"은 "meet"의 과거 형태이다.
해설 Met은 문자로 쓰였다.

1. 'In this morning' is better than 'this morning' in this sentence.
2. 'With her' sounds more intimate than 'to her.'
3. 'For' is used as a conjunction in this sentence.
4. 'At' is a preposition.
5. 'In' can be replaced to 'at.'

어휘 intimate 친근한   conjunction 접속사   preposition 전치사   replace 대체하다
해석 1. 'In this morning'이 이 문장에서는 'this morning'보다 더 낫다.
해설 전명구인 In this morning이 주어로 쓰였으며, this morning도 단순히 구의 형태로만 쓰였다.
해석 2. 'With her'는 'to her'보다 더 친근하게 들린다.
해설 전명구인 With her가 주어로 쓰였으며, to her도 단순히 구의 형태로만 쓰였다.
해석 3. 'For'는 이 문장에서 접속사로 쓰였다.
해설 For는 문자로 쓰였다.
해석 4. 'At'은 전치사이다.
해설 At은 문자로 쓰였다.
해석 5. 'In'은 'at'으로 대체될 수 있다.
해설 In과 at은 문자로 쓰였다.

1. Listening to someone is more powerful than talking to him constantly.
2. To know something good can be a real knowledge only when you do with it.

해석 1. 어떤 사람에게 귀를 기울이는 것은 끊임없이 그에게 말하는 것보다 더 강력하다.
해설 Listening to someone이 동명사구로서 주어로 쓰였다.

해석 2. 선한 일을 알고 있다는 것은 네가 그것을 가지고 할 때에만 진정한 지식이 될 수 있다.
해설 To know something good이 to부정사의 명사적 용법으로서 주어로 쓰였다.

1. 'Happy' is the most favorable word to everyone.
2. 'Tired' should disappear on your tongue.
3. 'Too busy' sometimes make someone think that he is an able and very important person.

어휘 favorable 가장 좋아하는   disappear 사라지다   tongue 혀, 말
해석 1. 'Happy'는 모든 사람들이 가장 좋아하는 단어이다.
해설 happy가 문자로 쓰였다.
해석 2. 'Tired'는 당신의 혀에서 사라져야 한다.
해설 Tired가 문자로 쓰였다.
해석 3. 'Too busy'라는 말은 때때로 어떤 사람을 그가 능력이 있고 아주 중요한 사람이라고 생각하도록 만들어 준다.
해설 Too busy가 단순히 명사구로서 쓰였다.

1. 'Well' means 'healthy' or 'fine.'
2. 'Hard' implies 'in trouble.'
3. 'Deadly' is not adverb but adjective.

어휘 imply 의미하다, 암시하다   deadly 치명적인   adverb 부사   adjective 형용사
해석 1. 'Well'은 'healthy' '혹은 'fine'을 의미한다.
해설 Well, healthy, fine은 모두 단순히 문자로 쓰였다.
해석 2. 'Hard'는 'in trouble'을 암시한다.
해설 Hard와 in trouble은 모두 단순히 문자로 쓰였다.
해석 3. 'Deadly'는 부사가 아니라 형용사이다.
해설 Deadly는 문자로 쓰였다.

1. "You are kidding!" was her first reaction.
2. "I knew it!" can make someone proud of himself.
3. 'Because of you' is most mentioned by the cowards.

어휘	kid 놀리다 reaction 반응 mention 언급하다 coward 비겁자
해석	1. "You are kidding!"이 그녀의 첫 반응이었다.
해설	You are kidding!은 문장 전체가 주어로 쓰였다.
해석	2. "I knew it!"이라는 말은 어떤 사람으로 하여금 자기 자신을 거만하게 만들 수 있다.
해설	I knew it!" 은 문장 전체가 주어로 쓰였다.
해석	3. 'Because of you'는 비겁자들에 의해 가장 자주 언급된다.
해설	'Because of you' 는 문장 전체가 주어로 쓰였다.

1. What you want is what I want.
2. An African who dreams up snow is genius.
3. Some potential power which Korans have has made zeros heroes in Korean history.

어휘	genius 천재 potential 잠재적인 zeros 아무 것도 가진 것이 없는 사람들
해석	1. 당신이 원하는 것이 내가 원하는 것이다.
해설	is의 주어는 What you want이다.
해석	2. 눈을 꿈꾸는 아프리카인은 천재이다.
해설	dreams의 주어는 who이고 is의 주어는 앞에 절인 An African who dreams up snow이다.
해석	3. 한국 사람들이 가지고 있는 어떤 잠재력이 Zero인 사람들을 한국 역사에서 영웅들로 만들었다.
해설	have의 주어는 Koreans이고, has made의 주어는 앞에 절인 Some potential power which Korans have이다.

전치사가 붙어 있지 않은 첫 명사

❶ In addition, listening to music while studying can prevent us from concentrating on what we are doing.

리듬독해 Reading in Rhythm

In addition,	덧붙여,
listening to music while studying	공부하는 동안에 음악을 듣는 것은
can prevent us from concentrating	우리를 집중하는 것에 방해할 수 있다
on what we are doing.	우리가 하고 있는 중인 것에

| 어휘 | prevent A from ~ing A가 ~하지 못하게 방해하다 concentrate 집중하다 |

> **해석** 덧붙여, 공부하는 동안에 음악을 듣는 것은 우리를 우리가 하고 있는 중인 것에 집중하는 것을 방해할 수 있다.
>
> **해설** can prevent의 주어는 동명사구인 listening to music while studying이다.

❷ Another way of describing differences between people from diverse cultural backgrounds is comparing their communicative styles.

> **리듬독해 Reading in Rhythm**
>
> | | |
> |---|---|
> | Another way of describing differences between people from diverse cultural backgrounds | 차이점들을 설명하는 또 다른 방법은 다양한 문화적 배경 출신의 사람들 사이에 |
> | is comparing their communicative styles. | 그들의 의사소통 방식을 비교하는 것이다 |

> **어휘** describe 설명하다, 묘사하다 diverse 다양한 cultural 문화의 compare 비교하다 communicative 의사소통의
>
> **해석** 다양한 문화적 배경 출신의 사람들 사이에 차이점들을 설명하는 또 다른 방법은 그들의 의사소통 방식을 비교하는 것이다.
>
> **해설** 동사는 is이며 주어는 끔찍할 정도로 긴 구(句)인 Another way of describing differences between people from diverse cultural backgrounds이다.

❸ Unfortunately, in the past 30 years the number of elephants has decreased markedly.

> **리듬독해 Reading in Rhythm**
>
> | | |
> |---|---|
> | Unfortunately, | 불행히도, |
> | in the past 30 years | 지난 30년 동안에 |
> | the number of elephants | 코끼리들의 숫자는 |
> | has decreased markedly. | 눈에 띄게 감소해 왔다 |

> **어휘** decrease 감소하다 markedly 눈에 띄게
>
> **해석** 불행히도, 지난 30년 동안에 코끼리들의 숫자는 눈에 띄게 감소해 왔다.
>
> **해설** 주부는 the number of elephants이며, 주어는 the number이다. the number는 단수, a number는 복수

❹ One of the situations that make people very nervous is a job.

> **리듬독해 Reading in Rhythm**
> One of the situations 상황들 중에 하나
> that make people very nervous 사람들을 아주 신경질적으로 만드는
> is a job. 직업이다

어휘 situation 상황   nervous 신경질적인
해석 사람들을 아주 신경질적으로 만드는 상황들 중에 하나는 직업이다.
해설 make의 주어는 that이고, is의 주어는 앞에 전체 절인 One of the situations that make people very nervous이다.

❺ The interactions between the Earth and its atmosphere are complex.

> **리듬독해 Reading in Rhythm**
> The interactions between the Earth 지구와 그것의 대기 사이에 상호작용은
> and its atmosphere
> are complex. 복잡하다

어휘 interaction 상호작용   atmosphere 대기   complex 복잡한
해석 지구와 그것의 대기 사이에 상호작용은 복잡하다.
해설 동사 are의 주부는 The interactions between the Earth and its atmosphere이며, 주어는 The interactions 이다.

❻ Students who learn to read and write in their first language make an easier transition to English.

> **리듬독해 Reading in Rhythm**
> Students who learn to read and write 읽고 쓰는 학생들
> in their first language 그들의 첫 언어로
> make an easier transition to English. 영어로의 더 쉬운 전이를 해낸다

어휘 transition 전이
해석 그들의 첫 언어로 읽고 쓰는 학생들은 영어로의 더 쉬운 전이를 해낸다.

> **해설** 동사 learn의 주어는 who이며, make의 주어는 앞에 절 전체인 Students who learn to read and write in their first language이다.

❼ One of the first Europeans who came here was a man named Christopher Columbus.

리듬독해 Reading in Rhythm

One of the first Europeans	최초의 유럽 사람들 중에 하나
who came here	여기에 왔던
was a man	사람이었다
named Christopher Columbus.	Christopher Columbus라는 이름의

> **해석** 여기에 왔던 최초의 유럽 사람들 중에 하나 Christopher Columbus라는 이름의 사람이었다.
> **해설** came의 주어는 who이며 was의 주어는 앞에 전체 절인 One of the first Europeans who came here 이다.

❽ A man is not idle because he is absorbed in thought; there is a visible labor and there is an invisible labor.

리듬독해 Reading in Rhythm

A man is not idle	사람은 게으르지는 않다
because he is absorbed in thought;	그가 생각에 깊이 빠져있다고 해서
there is a visible labor	보이는 노동이 있다
and there is an invisible labor.	그리고 보이지 않는 노동이 있다

> **해석** 사람은 그가 생각에 깊이 빠져있다고 해서 게으른 것은 아니다; 왜냐하면 보이는 노동이 있고, 그리고 보이지 않는 노동이 있기 때문이다.
> **해설** 주어는 A man, labor이다.

❾ According to the weather forecast, from the far southern Pacific, a powerful typhoon is coming to Korean peninsula.

리듬독해 Reading in Rhythm

According to the weather forecast,	일기예보에 의하면,

from the far southern Pacific,　　먼 남태평양으로부터,
a powerful typhoon is coming　　강력한 태풍이 오고있는 중이다
to Korean peninsula.　　한반도로

어휘 weather forecast 일기예보　typhoon 태풍　peninsula 반도

해석 일기예보에 의하면, 먼 남태평양으로부터, 강력한 태풍이 한반도로 오고 있는 중이다.

해설 동사 is coming의 주어는 a powerful typhoon이다.

필자주 태풍 : 필리핀 근해에서 발생하여 우리나라에 상륙하는 폭풍
싸이클론 : 인도양에서 발생하는 폭풍
허리케인 : 멕시코 만에서 발생하는 폭풍

10. At the end of the hall were two massive oak doors with the coat of arms.

리듬독해 Reading in Rhythm

At the end of the hall　　홀의 끝부분에
were two massive oak doors　　두 개의 거대한 오크나무 문들이 있었다
with the coat of arms.　　문장(紋章)을 가진

어휘 coat of arms 가문의 문장

해석 홀의 끝부분에 문장(紋章)을 가진 두 개의 거대한 오크나무 문들이 있었다.

해설 동사 were의 주어는 전치사가 붙어있지 않은 첫 명사인 doors이다.

Lecture 16 주어 판단법

Lecture 17
주어 판단 훈련

Lecture Target

❶ 주어, 주어구, 주어절을 정확하게 판단한다.
❷ 보는 순간 판단이 서는 수준으로 끌어 올린다.

01 주어 판단 훈련

Lecture 17

Examples

❶ The most useful thing I brought out of my childhood was confidence in reading.

리듬독해 Reading in Rhythm

The most useful thing	가장 유용한 것
I brought out of my childhood	내가 어린 시절에서 가져온
was confidence in reading.	독서에 대한 확신이다

어휘 childhood 어린 시절 confidence 확신
해석 내가 어린 시절에서 가져온 가장 유용한 것은 독서에 대한 확신이다. 〈주어: thing, I〉

❷ Reading always has made me so happy and comfortable.

리듬독해 Reading in Rhythm

Reading always has made me	독서는 언제나 나를 지금까지 만들어 왔다
so happy and comfortable.	아주 행복하고 편안하도록

어휘 comfortable 안락한
해석 독서는 언제나 나를 지금까지 아주 행복하고 편안하도록 만들어 왔다. 〈주어: Reading〉

❸ Not long ago, I went on a weekend self-exploratory workshop, in the hope of getting a clue about how to live.

리듬독해 Reading in Rhythm

Not long ago,	얼마 전에,
I went on a weekend self-exploratory workshop,	나는 주말 자기 성찰 워크숍에 갔다
in the hope of getting a clue	단서를 얻을 희망 속에서
about how to live.	어떻게 살아야 할지에 관한

어휘 self-exploratory 자기 성찰 workshop 워크숍, 연수회 clue 단서
해석 얼마 전에, 나는 어떻게 살아야 할지에 관한 단서를 얻을 희망 속에서 주말 자기성찰 워크숍에 갔다. 〈주어: I〉

R·E·A·D·I·N·G·I·N·R·H·Y·T·H·M

❹ One of the exercises we were given was to make a list of the ten most important events of our lives.

리듬독해 Reading in Rhythm

One of the exercises	훈련들 중의 하나
// we were given	우리가 받은
was to make a list	목록을 만드는 것이었다
of the ten most important events of our lives.	우리들 인생의 10개의 가장 중요한 사건들의

어휘 exercise 훈련   event 사건

해석 우리가 받은 훈련들 중의 하나는 우리들 인생의 10개의 가장 중요한 사건들의 목록을 만드는 것이었다. 〈주어: One, We〉

❺ Number one was: "I was born," and you could put whatever you liked after that.

리듬독해 Reading in Rhythm

Number one was:	첫 번째는 이것이었다
"I was born,"	"난 태어났다,"
and you could put	그리고 너는 그 다음에 넣을 수 있었다
whatever you liked after that.	네가 그것 다음에 마음에 드는 것은 무엇이든지

해석 첫 번째는 이것이었다: "난 태어났다," 그리고 너는 네가 그것 다음에 마음에 드는 것은 무엇이든지 그 다음에 넣을 수 있었다. 〈주어: One, I, you, you〉

❻ Without even thinking about it, my hand wrote at number two: "I learned to read., I was born and learned to read" wouldn't be a sequence that occurs to many people, I imagine.

리듬독해 Reading in Rhythm

Without even thinking about it,	그것에 대해서 생각조차 할 것도 없이
my hand wrote at number two:	나의 손은 두 번째 것을 썼다
"I learned to read.	"나는 읽기를 배웠다."
I was born and learned to read"	나는 태어나서 읽기를 배웠다
wouldn't be a sequence	연달아 일어나는 길이 될 수는 없었을지도 모른다
that occurs to many people,	많은 사람들에게 일어나는
I imagine.	나는 상상한다

Lecture 17 주어 판단 훈련 141

| 어휘 | **sequence** 연달아 일어나는 일
| 해석 | 그것에 대해서 생각조차 할 것도 없이, 나의 손은 두 번째 것을 썼다: "나는 읽기를 배웠다. 나는 태어나서 읽기를 배웠다"라는 말은 많은 사람들에게 일어나는 연달아 일어나는 일이 될 수는 없었을지도 모른다, 라고 나는 상상해 본다.
〈주어: hand, I, I, that, I〉

❼ But I knew what I meant to say.

리듬독해 Reading in Rhythm

| But I knew | 그러나 나는 알고 있었다 |
| what I meant to say. | 내가 무슨 말을 하려고 의미했던 지 |

| 해석 | 그러나 나는 내가 무슨 말을 하려고 의미했던 지를 알고 있었다. 〈주어: I, I〉

❽ Being born was something done to me, but my own life began when I first made out the meaning of a sentence.

리듬독해 Reading in Rhythm

Being born was something done to me,	태어나는 것은 내게 일어난 중요한 것이었다
but my own life began	그러나 내 자신만의 인생은 시작되었다
when I first made out	내가 처음으로 이해했을 때
the meaning of a sentence.	문장의 의미를

| 해석 | 태어나는 것은 내게 일어난 중요한 것이었다, 그러나 내 자신만의 인생은 내가 처음으로 문장의 의미를 이해했을 때 시작되었다. 〈주어: Being born, life, I〉

❾ Gas stations are a good example of an impersonal attitude.

리듬독해 Reading in Rhythm

| Gas stations are a good example | 주유소는 좋은 예이다 |
| of an impersonal attitude. | 비인간적인 태도의 |

| 어휘 | **impersonal** 비인간적인 **attitude** 태도
| 해석 | 주유소는 비인간적인 태도의 좋은 예이다. 〈주어: gas station〉

10. At many stations, attendants have even stopped pumping gas.

> **리듬독해 Reading in Rhythm**
>
> At many stations,   많은 주유소에서
> attendants have even stopped pumping gas.   종업원들은 심지어 주유하는 것조차 그만두었다

어휘 attendant 종업원   pump 펌프질하다
해석 많은 주유소에서, 종업원들은 심지어 주유하는 것조차 그만두었다. 〈주어: attendants〉

11. Motorists pull up to a gas station where an attendant is enclosed in a glass booth with a tray for taking money.

> **리듬독해 Reading in Rhythm**
>
> Motorists pull up to a gas station   운전자들은 주유소에 차를 세운다
> where an attendant is enclosed   종업원 한 명이 갇혀 진
> in a glass booth   유리부스 안에
> with a tray for taking money.   돈을 받기 위한 그릇을 가진

어휘 motorist 운전자   pull up 차를 세우다   enclose 가두어 두다
해석 운전자들은 돈을 받기 위한 그릇을 가진 종업원 한 명이 유리부스 안에 갇혀 진 주유소에 차를 세운다.
〈주어: Motorists, an attendants〉

12. The driver must get out of the car, pump the gas, and walk over to the booth to pay.

> **리듬독해 Reading in Rhythm**
>
> The driver must get out of the car,   그 운전자는 차 밖으로 나와야 한다
> pump the gas,   주유를 한다
> and walk over to the booth to pay.   그리고 지불하기 위해서 부스로 걸어간다

해석 그 운전자는 차 밖으로 나와서 주유를 하고 지불하기 위해서 부스로 걸어가야 한다. 〈주어: The driver〉
해설 get out, pump, walk over가 병렬구조로 모두 must와 관련이 있다.

13. And customers with engine trouble or a non-functioning heater are usually out of luck.

> 리듬독해 Reading in Rhythm
>
> And customers with engine trouble   그리고 엔진 문제가 있는 고객들
> or a non-functioning heater   혹은 작동 불능의 히터
> are usually out of luck.   대개는 운이 없다

어휘 non-functioning 작동 불능의
해석 그리고 엔진 문제 혹은 작동 불능의 히터가 있는 고객들 대개는 운이 없다. 〈주어: customers〉

14. Many gas stations have gotten rid of on-duty mechanics.

> 리듬독해 Reading in Rhythm
>
> Many gas stations have gotten rid of   많은 주유소들은 없앴을까?
> on-duty mechanics.   근무하는 차량 정비공들

어휘 gotten rid of 없애다   on-duty 근무 중인   mechanic 차량 정비공
해석 많은 주유소들은 근무하는 차량 정비공들을 없앴을까? 〈주어: gas stations〉

15. The skillful mechanic has been replaced by a teenager in a uniform who doesn't know anything about cars and couldn't care less.

> 리듬독해 Reading in Rhythm
>
> The skillful mechanic has been replaced 숙련된 정비공은 대체되어 왔다
> by a teenager in a uniform   유니폼을 입은 10대로
> who doesn't know anything about cars   차에 대해서는 아무것도 모르는
> and couldn't care less.   그리고 덜 조심스러울 수도 없는

어휘 skillful 숙련된   replace 대체하다   care 조심하다
해석 숙련된 정비공은 차에 대해서는 아무것도 모르는 그리고 덜 조심스러울 수도 없는 유니폼을 입은 10대로 대체되어 왔다. 〈주어: mechanic, who〉

16. When Alfred Watkins was riding across the English countryside, he saw something that completely surprised him.

> **리듬독해 Reading in Rhythm**
>
> | | |
> |---|---|
> | When Alfred Watkins was riding | 알프레드가 말을 타고 가는 중이었을 때 |
> | across the English countryside, | 영국의 시골 지역을 가로질러 |
> | he saw something | 그는 무언가를 보았다 |
> | that completely surprised him. | 완전히 그를 놀라게 만들었던 |

어휘 ride 말을 타다　countryside 시골 지역

해석 알프레드가 영국의 시골 지역을 가로질러 말을 타고 가는 중이었을 때, 그는 완전히 그를 놀라게 만들었던 무언가를 보았다. 〈주어: Alfred Watkins, he, that〉

17. Stopping his horse, he took a closer look.

> **리듬독해 Reading in Rhythm**
>
> | | |
> |---|---|
> | Stopping his horse, | 말을 멈추고 나서 |
> | he took a closer look. | 그는 더 가까이 가서 살펴 보았다 |

해석 말을 멈추고 나서, 그는 더 가까이 가서 살펴 보았다. 〈주어: he〉

해설 stopping ~ 분사구문 중에서 계속인 [~하고 나서]의 의미이다

18. As he sat there, he noticed that the land in front of him appeared to be a great network of intersecting straight lines connecting all the churches, old stones, and ancient ruins.

> **리듬독해 Reading in Rhythm**
>
> | | |
> |---|---|
> | As he sat there, | 그가 거기에 앉았을 때, |
> | he noticed | 그는 알아 차렸다 |
> | that the land in front of him appeared | 그의 앞에 있던 땅이 보인다는 것 |
> | to be a great network | 엄청난 망으로 |
> | of intersecting straight lines | 교차하는 직선들의 |
> | connecting all the churches, | 모든 교회들을 연결하는 |
> | old stones, | 오래된 돌들 |
> | and ancient ruins. | 그리고 고대의 잔해들 |

Lecture 17 주어 판단 훈련

어휘 notice 알아채다 appear to ~ ~인 것처럼 보이다 network 망 intersect 교차하다 straight line 직선 connect 연결하다 ancient 고대의 ruin 잔해, 폐허

해석 그가 거기에 앉았을 때, 그는 그의 앞에 있던 땅이 모든 교회들, 오래된 돌들, 그리고 고대의 잔해들을 연결하는 교차하는 직선들의 엄청난 망으로 보인다는 것을 알아 차렸다. 〈주어: he, he, the land〉

⑲ Rushing home, he took out a map.

리듬독해 Reading in Rhythm

| Rushing home, | 집으로 달려가서 |
| he took out a map. | 그는 지도를 꺼냈다 |

어휘 rush 달려가다

해석 집으로 달려가서, 그는 지도를 꺼냈다. 〈주어: he〉

해설 Rushing ~ 분사구문 중에서 계속인 [~하고 나서]의 의미이다.

⑳ He marked all the spots of historical importance and then connected them.

리듬독해 Reading in Rhythm

He marked all the spots	그는 모든 지점들을 표시했다
of historical importance	역사적으로 중요한 것
and then connected them.	그리고 나서 그들을 연결시켰다

어휘 spot 지점, 현장 historical 역사적인

해석 그는 역사적으로 중요한 것 모든 지점들을 표시했다 그리고 나서 그들을 연결시켰다. 〈주어: He〉

㉑ Yes, what he had seen on his horse was true.

리듬독해 Reading in Rhythm

Yes,	그렇다,
what he had seen on his horse	그가 그의 말을 타고 봤던 것은
was true.	사실이었다

해석 그렇다, 그가 그의 말을 타고 봤던 것은 사실이었다. 〈주어: what절, he〉

22 Mysteriously his map was covered in straight lines.

> **리듬독해 Reading in Rhythm**
>
> | Mysteriously | 신비하게도 |
> | his map was covered | 그의 지도는 덮여 있었다 |
> | in straight lines. | 직선들로 |

어휘 mysteriously 신비하게도
해석 신비하게도 그의 지도는 직선들로 덮여 있었다. 〈주어: map〉

23 Today the existence of these 'Ley Lines' is well-known.

> **리듬독해 Reading in Rhythm**
>
> | Today | 오늘날 |
> | the existence of these 'Ley Lines' | 이 'Ley Lines'의 존재는 |
> | is well-known. | 잘 알려져 있다 |

어휘 existence 존재   well-known 잘 알려진
해석 오늘날 이 'Ley Lines'의 존재는 잘 알려져 있다. 〈주어: existence〉

Lecture 18
동사 시제(능동태)

Lecture Target

❶ 동사의 형태를 정확하게 판단한다.
❷ 시제별 해석어를 정확하게 한다.

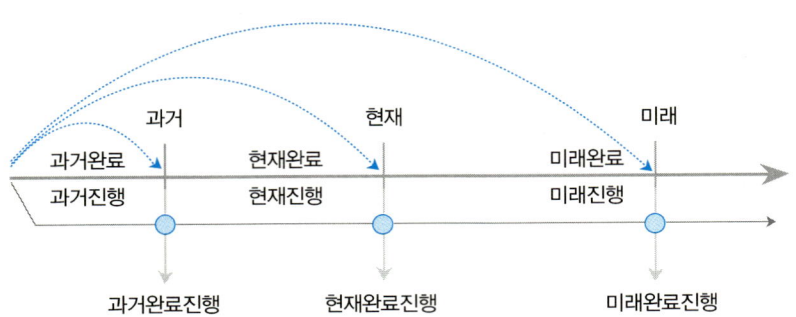

〈시제표〉

동사 해석어

현재	~이다, ~하다
과거	~이었다, ~하였다
미래	~일 것이다, ~할 것이다
현재 진행	~하는 중이다
과거 진행	~하던 중이었다
미래 진행	~하는 중일 것이다

동사 해석어

현재 완료	지금까지 죽 ~해왔다.
과거 완료	그때까지는 죽 ~해왔었다.
미래 완료	앞으로도 죽 ~할 것이다.
현재 완료 진행	지금까지 죽 ~해오는 중이다.
과거 완료 진행	그때까지는 죽 ~해오던 중이었다.
미래 완료 진행	앞으로도 죽 ~하는 중일 것이다.

01 Be 동사 형태

Lecture 18

be 동사 형태

	am		have been
	was		had been
will	be	will	have been

Examples of Be

I am	a doctor.	나는 의사이다.
I was	a doctor.	나는 의사였다.
I will be	a doctor.	나는 의사가 될 것이다.
I have been	a doctor.	나는 지금까지 죽 의사이다.
I had been	a doctor.	나는 그때까지는 죽 의사였다.
I will have been	a doctor.	나는 앞으로도 죽 의사일 것이다.

He am	happy.	그는 행복하다.
He was	happy.	그는 행복했다.
He will be	happy.	그는 행복해 질 것이다.
He has been	happy.	그는 지금까지 죽 행복하다.
He had been	happy.	그는 그때까지는 죽 행복했다.
He will have been	happy.	그는 앞으로도 죽 행복할 것이다.

She is	there.	그녀는 거기에 있다.
She was	there.	그녀는 죽 거기에 있었다.
She will be	there.	그녀는 거기에 있을 것이다.
She has been	there.	그녀는 지금까지 죽 거기에 있다.
She had been	there.	그녀는 그때까지는 죽 거기에 있었다.
She will have been	there.	그녀는 앞으로도 죽 거기에 있을 것이다.

Lecture 18 동사 시제(능동태)

There Be 형태

There is	There have been
There was	There had been
There wil be	There will have been

Examples of There Be

There is a pine tree. 소나무가 있다.
There was a pine tree. 소나무가 있었다.
There will be a pine tree. 소나무가 있을 것이다.

There has been a pine tree. 소나무가 지금까지 죽 있다.
There had been a pine tree. 소나무가 그때까지는 죽 있었다.
There will have been a pine tree. 소나무가 앞으로도 죽 있을 것이다.

There is a man cleaning the park. 공원을 청소하는 사람이 있다.
There was a man cleaning the park. 공원을 청소하는 사람이 있었다.
There will be a man cleaning the park. 공원을 청소하는 사람이 있을 것이다.
There has been a man cleaning the park. 공원을 청소하는 사람이 지금까지 죽 있다.
There had been a man cleaning the park. 공원을 청소하는 사람이 그때까지는 죽 있었다.
There will have been a man cleaning the park. 공원을 청소하는 사람이 앞으로도 죽 있을 것이다.

02 일반동사 형태

Lecture 18

Examples of work

기본 3시제		work	일한다
		worked	일했다
	will	work	일할 것이다

진행 3시제	is	working	일하는 중이다
	was	working	일하던 중이었다
	will be	working	일하는 중일 것이다

완료진행 3시제	have	worked	지금까지 죽 일해 왔다
	had	worked	그때까지는 죽 일해 왔었다
	will have	worked	앞으로도 죽 일할 것이다

완료진행 3시제	have been	working	지금까지 죽 일해 오는 중이다
	had been	working	그따까지 죽 일해 오던 중이었다
	will have been	working	앞으로도 죽 일하는 중일 것이다

Examples of help

기본 3시제		help	돕는다
		helped	도왔다
	will	help	도울 것이다

진행 3시제	is	helping	돕는 중이다
	was	helping	돕던 중이었다
	will be	helping	돕는 중일 것이다

완료진행 3시제	have	helped	지금까지 죽 도와 왔다
	had	helped	그때까지는 죽 도와 왔었다
	will have	helped	앞으로도 죽 도울 것이다

완료진행 3시제	have been	helping	지금까지 죽 도와 오는 중이다
	had been	helping	그때까지 죽 도와 오던 중이었다
	will have been	helping	앞으로도 죽 돕는 중일 것이다

Examples of 일반 동사

기본 3 시제

1. I work as a volunteer.
2. I worked as a volunteer.
3. I will work as a volunteer.

해석
1. 나는 자원봉사자로서 일한다.
2. 나는 자원봉사자로서 일했다.
3. 나는 자원봉사자로서 일할 것이다.

진행 3 시제

1. I am working as a volunteer.
2. I was working as a volunteer.
3. I will be working as a volunteer.

해석
1. 나는 자원봉사자로서 일하는 중이다.
2. 나는 자원봉사자로서 일하던 중이었다.
3. 나는 자원봉사자로서 일하는 중일 것이다.

완료 3 시제

1. I have worked as a volunteer.
2. I had worked as a volunteer.
3. I will have worked as a volunteer.

해석
1. 나는 자원봉사자로서 지금까지 죽 일해왔다.
2. 나는 자원봉사자로서 그때까지는 죽 일해왔었다.
3. 나는 자원봉사자로서 앞으로도 죽 일할 것이다.

완료 진행 3 시제

1. I have been working as a volunteer.
2. I had been working as a volunteer.
3. I will have been working as a volunteer.

해석
1. 나는 자원봉사자로서 지금까지 죽 일해오는 중이다.
2. 나는 자원봉사자로서 그때까지는 죽 일해 던 중이었다.
3. 나는 자원봉사자로서 앞으로도 죽 일하는 중일 것이다.

기본 3 시제

1. We help the poor and sick.
2. We helped the poor and sick.
3. We will help the poor and sick.

해석
1. 우리는 가난한 사람들과 병든 사람들을 돕는다.
2. 우리는 가난한 사람들과 병든 사람들을 도왔다.
3. 우리는 가난한 사람들과 병든 사람들을 도울 것이다.

진행 3 시제

1. We are helping the poor and sick.
2. We were helping the poor and sick.
3. We will be helping the poor and sick.

해석
1. 우리는 가난한 사람들과 병든 사람들을 돕는 중이다.
2. 우리는 가난한 사람들과 병든 사람들을 돕던 중이었다.
3. 우리는 가난한 사람들과 병든 사람들을 돕는 중일 것이다.

완료 3 시제

1. We have helped the poor and sick.
2. We had helped the poor and sick.
3. We will have helped the poor and sick.

해석 1. 우리는 가난한 사람들과 병든 사람들을 지금까지 죽 도와 왔다.
　　　2. 우리는 가난한 사람들과 병든 사람들을 그때까지는 죽 도와 왔었다.
　　　3. 우리는 가난한 사람들과 병든 사람들을 앞으로도 죽 도울 것이다.

완료 진행 3 시제

1. We have been helping the poor and sick.
2. We had been helping the poor and sick.
3. We will have been helping the poor and sick.

해석 1. 우리는 가난한 사람들과 병든 사람들을 지금까지 죽 돕고 있는 중이다.
　　　2. 우리는 가난한 사람들과 병든 사람들을 그때까지는 죽 돕던 있는 중이었다.
　　　3. 우리는 가난한 사람들과 병들 사람들을 앞으로도 죽 돕고 있는 중일 것이다.

Lecture 19

동사 판단 훈련

Lecture Target

❶ 동사, 동사구를 정확하게 판단한다.
❷ 보는 순간 판단이 서는 수준으로 끌어 올린다.
❸ 정확한 해석 훈련을 한다.

Lecture 19
01 동사 판단 훈련

❶ A fact is like a sack which will not stand up when it is empty.

> **리듬독해 Reading in Rhythm**
>
> A fact is like a sack   사실은 자루와 같다
> which will not stand up   서 있지 못할
> when it is empty.   그것이 비어 있을 때

어휘 fact 사실 sack 자루 empty 비어 있는
해석 사실은 그것이 비어 있을 때 서 있지 못할 자루와 같다.

❷ A dog is not considered good because of his barking, and a man is not considered clever because of his ability to talk.

> **리듬독해 Reading in Rhythm**
>
> A dog is not considered good   개는 유익한 것으로 여겨 진다
> because of his barking,   그가 짖기 때문에
> and a man is not considered clever   그리고 사람은 똑똑하다고 여겨 진다
> because of his ability to talk.   그의 말하는 능력 때문에

어휘 consider 여기다 bark 짖다 clever 똑똑한 ability 능력
해석 개는 그가 짖기 때문에 유익한 것으로 여겨 진다, 그리고 사람은 그의 말하는 능력 때문에 똑똑하다고 여겨 진다.
필자주 "잘 사는 사위보다는 말 잘하는 사위"라는 속담이 있다. "장모님 이 달 용돈입니다"라는 사무적인 말투로 100만원을 드리는 사위보다, 장모님 손을 잡고 "어머님, 제가 좀 더 열심히 해서 다음에는 맛있는 것도 많이 사 드리고 좋은 구경도 시켜 드릴게요."식으로 말하며 10만원 주는 사위가 장모에게는 더 애정이 간다.

❸ A man cannot be said to succeed in this life who does not satisfy one friend.

> **리듬독해 Reading in Rhythm**
>
> A man cannot be said to succeed   사람은 성공했다고 말을 들을 수 없다
> in this life   그의 인생에서
> who does not satisfy one friend.   한 친구도 만족시키지 못하는 사람은

어휘 succeed 성공하다 satisfy 만족시키다
해석 한 친구도 만족시키지 못하는 사람은 그의 인생에서 성공했다고 말을 들을 수 없다.
필자주 who절 이하는 A man을 수식한다. 이를 분리수식이라고 한다.

158 Reading in Rhythm

R·E·A·D·I·N·G·I·N·R·H·Y·T·H·M

❹ A man without faults is a mountain without crevasses; He is of no interest to me.

> **리듬독해 Reading in Rhythm**
>
> | | |
> |---|---|
> | A man without faults is a mountain without crevasses; | 실수가 없는 사람은 산이다 갈라진 틈이 없는 |
> | He is of no interest to me. | 그는 내게는 흥미를 못 끈다 |

어휘 fault 실수 crevasses 갈라진 틈 no interest 흥미를 못 끄는
해석 실수가 없는 사람은 갈라진 틈이 없는 산이다; 그는 내게는 흥미를 못 끈다.
필자주 완벽이 매력이 아니라 약간의 결함이 매력이다. 점은 생물학적으로는 분명히 세포가 잘못된 것이지만 입가의 점은 매력점이라고 부르며, 일부러 찍기도 한다.

❺ A poor man with nothing in his belly needs hope, illusion, more than bread.

> **리듬독해 Reading in Rhythm**
>
> | | |
> |---|---|
> | A poor man | 가난한 사람 |
> | with nothing in his belly | 뱃속에 아무것도 없는 |
> | needs hope, illusion, | 희망과 환상이 필요하다 |
> | more than bread. | 빵보다도 더 |

어휘 belly 배 illusion 착각, 환상
해석 뱃속에 아무것도 없는 가난한 사람은 빵보다도 더 희망과 환상이 필요하다.
필자주 일부러 돈 쓰며 단식하는 사람들도 있지만 먹을 게 없어서 굶는 사람의 비참함이란 형언할 수 없다. 배고파 우는 아이들의 울음 소리보다 더 가슴을 찢어 놓는 것은 하늘 아래에는 없다.

❻ A school is a place through which you have to pass before entering real life.

> **리듬독해 Reading in Rhythm**
>
> | | |
> |---|---|
> | A school is a place | 학교는 장소이다 |
> | through which you have to pass | 네가 지나가야만 하는 |
> | before entering real life. | 진짜 인생에 들어가기 전에 |

어휘 pass 지나가다
해석 학교는 진짜 인생에 들어가기 전에 네가 지나가야만 하는 장소이다.
필자주 또 학교란 실제 세상에서는 거의 혹은 전혀 살아보지 못한 선생님들이 제자들에게 세상살이 가르치는 곳이기도 하다.

Lecture 19 동사 판단 훈련

동기들이 한 은퇴교수의 은퇴 기념식에 걸린 플랭카드: "Welcome to the Real World!"

❼ A successful man can not realize how hard an unsuccessful man finds life.

리듬독해 Reading in Rhythm

A successful man can not realize   성공한 사람은 깨달을 수가 없다
how hard an unsuccessful man   얼마나 어렵게 성공하지 못한 사람이
finds life.   살 길을 찾는 지

어휘 realize 깨닫다   find life 살 길을 찾다
해석 성공한 사람은 얼마나 어렵게 성공하지 못한 사람이 살 길을 찾는 지를 깨달을 수가 없다.
필자주 내 배가 부르면 남의 고픈 배에서 나는 쪼르륵 소리가 들리지 않고, 고기가 질기니 찌개가 짜니 싱겁니 하는 불평을 늘어 놓는다. 나도 세금내며 살고 싶다는 실직자 하소연이 먼 나라 이야기 같다.

❽ A tear dries quickly, especially when it is shed for the troubles of others.

리듬독해 Reading in Rhythm

A tear dries quickly,   눈물은 빠르게 마른다,
especially when it is shed   특별히 그것이 비춰질 때
for the troubles of others.   다른 사람들의 고통에

어휘 tear 눈물   dry 마르다   shed 비추다
해석 눈물은 빠르게 마른다, 특별히 그것이 다른 사람들의 고통에 비춰질 때

❾ A woman can be anything that the man who loves her would have her be.

리듬독해 Reading in Rhythm

A woman can be anything   여자는 어떤 것이든지 될 수가 있다
that the man who loves her   그녀를 사랑하는 사람이
would have her be.   그녀가 되기를 원하는

해석 여자는 그녀를 사랑하는 사람이 그녀가 되기를 원하는 어떤 것이든지 될 수가 있다.
필자주 아내들에게 : 당신의 남편을 왕으로 대접하라, 그러면 당신은 왕비가 되며, 자식들은 왕자, 공주가 된다: 반대로 거지같이 대하라, 그러면 온 식구가 거지 가족이 된다.

❿ All books are divisible into two classes: the books of the hour, and the books of all time.

> **리듬독해 Reading in Rhythm**
>
> All books are divisible into two classes:　　모든 책들은 두 등급으로 나눌 수 있다
> the books of the hour,　　　　　　　　　　그 시대의 책들
> and the books of all time.　　　　　　　　　그리고 모든 시대의 책들

어휘 divisible 나눌 수 있는
해석 모든 책들은 두 등급으로 나눌 수 있다: 그 시대의 책들 그리고 모든 시대의 책들로

⓫ Character cannot be developed in ease and quiet; only through experience of trial and suffering can the soul be strengthened.

> **리듬독해 Reading in Rhythm**
>
> Character cannot be developed　　　　　　　　　　성격은 개선될 수가 없다
> in ease and quiet;　　　　　　　　　　　　　　　쉽게 그리고 조용히
> only through experience of trial and suffering　　오직 시련과 고통의 경험을 통해서
> can the soul be strengthened.　　　　　　　　　영혼이 강해 질 수가 있을 뿐이다

어휘 character 성격　develop 개선하다　trial 시련　suffering 고통　strengthen 강하게 만들다
해석 성격은 쉽게 그리고 조용히 개선될 수가 없다; 오직 시련과 고통의 경험을 통해서 영혼이 강해 질 수가 있을 뿐이다.

⓬ Courage is resistance to fear, mastery of fear -not absence of fear.

> **리듬독해 Reading in Rhythm**
>
> Courage is resistance to fear,　　용기는 공포에 대한 저항이고
> mastery of fear　　　　　　　　공포의 극복이다
> – not absence of fear.　　　　　공포의 부재가 아니라

어휘 courage 용기　resistance 저항　fear 공포　master 극복　absence 부재
해석 용기는 공포에 대한 저항이고, 공포의 극복이다 — 공포의 부재가 아니라

13. Death is what men want when the anguish of living is more than they can bear.

> **리듬독해 Reading in Rhythm**
>
> | | |
> |---|---|
> | Death is | 죽음은 ~이다 |
> | what men want | 사람들이 원하는 |
> | when the anguish of living is more | 삶의 고뇌가 더 클 때 |
> | than they can bear. | 그들이 견딜 수 있는 것보다 |

어휘 death 죽음 anguish 고뇌 bear 견디다

해석 죽음은 삶의 고뇌가 그들이 견딜 수 있는 것보다 더 클 때 사람들이 원하는 것이다.

해설 "자살"이라는 글자를 뒤집으면 "살자"가 된다. 나의 죽음에 웃을 놈이 하나만 있어도 절대로 그 놈 괘씸해서 죽지 말아야 할 충분한 이유가 되며, 나의 죽음에 애통하며 눈물을 흘릴 사람이 한 명만 있어도 절대로 죽지 말아야 할 1,000배의 이유가 되고도 남는다. 내 눈물을 닦아 줄 사람이 없다면 스스로 닦아라. 그리고 거울을 보고 한 번 씨~익 웃어라.

14. Diplomacy is to do and say the nastiest thing in the nicest way.

> **리듬독해 Reading in Rhythm**
>
> | | |
> |---|---|
> | Diplomacy is to do | 외교는 ~하는 것이다 |
> | and say the nastiest thing | 그리고 가장 더러운 말을 하는 것 |
> | in the nicest way. | 가장 멋진 방식으로 |

어휘 diplomacy 외교 nasty 더러운

해석 외교는 가장 멋진 방식으로 가장 더러운 일을 행하고 말하는 것이다.

필자주 외교가 실패하면, 전쟁이다. 최외각선에는 외교부가 그리고 최전방에는 국방부가, 내부에는 경찰이 우리를 지켜 준다. 우리는 안전하다. 열심히 즐거운 마음으로 세금만 내면 된다.

15. Education makes a greater difference between man and man than nature has made between man and beast.

> **리듬독해 Reading in Rhythm**
>
> | | |
> |---|---|
> | Education makes a greater difference | 교육은 더 위대한 차이를 만든다 |
> | between man and man | 사람과 사람 사이에 |
> | than nature has made | 자연이 지금까지 만들어 온 것보다 |
> | between man and beast. | 사람과 동물 사이에 |

R·E·A·D·I·N·G·I·N·R·H·Y·T·H·M

어휘 education 교육 difference 차이 beast 동물

해석 교육은 자연이 사람과 동물 사이에 지금까지 만들어 온 것보다 사람과 사람 사이에 더 위대한 차이를 만든다.

16. Every man has his own courage, and is betrayed because he seeks the courage of other persons in himself.

리듬독해 Reading in Rhythm

Every man has his own courage,	모든 사람들은 그 자신만의 용기를 가지고 있다
and is betrayed	그리고 배신당한다
because he seeks	그가 찾기 때문에
the courage of other persons in himself.	그 자신 안에서 다른 사람들의 용기

어휘 betray 배신하다 seek 찾다

해석 모든 사람들은 그 자신만의 용기를 가지고 있다, 그리고 그가 그 자신 안에서 다른 사람들의 용기 찾기 때문에 배신당한다.

필자주 훈장은 남다르게 용감했을 때 격려와 선동 차원에서 주어진다. 모두가 똑같이 용감하다면 훈장이 있을 이유가 없다. "나는 영웅들과 함께 싸웠다."라는 것만 가지고도 평생의 충분한 자랑거리이며, 아무도 뭐라 하지 않는다. 거기 있었다는 것만 가지고도 이미 영웅이니까......

17. Genius has been defined as a supreme capacity for taking trouble.

리듬독해 Reading in Rhythm

Genius has been defined	천재성은 정의되어져 왔다
as a supreme capacity	최고의 능력으로서
for taking trouble.	노고를 감내하는

어휘 genius 천재, 천재성 define 정의를 내리다 supreme 최고의 capacity 능력 take trouble 노고를 감내하다

해석 천재성은 노고를 감내하는 최고의 능력으로서 정의되어져 왔다.

필자주 100가지 경험을 하고 100을 아는 사람보다 10가지만 경험하고 100을 아는 사람이 더 천재같지만, 축구를 해본 사람과 TV에서 경기를 본 사람만큼의 차이가 있다. 당신이 관리자라면 누구를 선택하겠는가?

18. Good-nature is more agreeable in conversation than wit, and gives a certain air to the countenance which is more amiable than beauty.

Lecture 19 동사 판단 훈련

리듬독해 Reading in Rhythm

Good-nature is more agreeable   착한 성품은 더 바람직하다
in conversation than wit,   재치보다 대화에서
and gives a certain air to the countenance   그리고 표정에 어떤 분위기를 준다
which is more amiable than beauty.   아름다움보다 더 호감을 주는

어휘 good-nature 착한 성품 agreeable 바람직한 conversation 대화 countenance 표정 amiable 호감을 주는

해석 착한 성품은 재치보다 대화에서 더 바람직하다, 그리고 아름다움보다 더 호감을 주는 표정에 어떤 분위기를 준다.

필자주 착한 자의 행실은 본인이 봐도 즐겁고, 남이 봐도 즐겁다. 악한 자의 행실은 남이 보기에 당연히 싫고, 본인이 봐도 싫다. 그리고 행실에 대한 평은 그림자처럼 나를 떠나는 일이 없다.

⑲ Grief drives men into habits of serious reflection, sharpens the understanding, and softens the heart.

리듬독해 Reading in Rhythm

Grief drives men   슬픔은 사람을 이끈다
into habits of serious reflection,   진지한 반성의 습관들로
sharpens the understanding,   이해력을 날카롭게 하고
and softens the heart.   그리고 마음을 부드럽게 만든다

어휘 grief 슬픔 drive 이끌다 habit 습관 serious 진지한 reflection 반성 sharpen 날카롭게 하다 understanding 이해력 soften 부드럽게 만들다

해석 슬픔은 진지한 반성의 습관들로 사람을 이끌고, 이해력을 날카롭게 하고, 그리고 마음을 부드럽게 만든다.

⑳ Happiness is not found in self-contemplation; it is perceived only when it is reflected from another.

리듬독해 Reading in Rhythm

Happiness is not found   행복은 발견되지 않는다
in self-contemplation;   자기성찰 속에서
it is perceived   그것은 인지되어 진다
only when it is reflected from another.   오직 그것이 다른 사람들에게 반영되어 질 때

어휘 self-contemplation 자기성찰 perceive 인지하는

해석 행복은 자기성찰에서 발견되지 않는다; 그것은 오직 그것이 다른 사람들에게 반영되어 질 때 인지되어 진다.

Lecture 20

동사 시제(수동태)

Lecture Target

① 동사의 형태를 정확하게 판단한다.
② 시제별 해석어를 정확하게 한다.
③ 능동태와 수동태를 비교 확인한다.

Lecture 20
01 수동태 해석

동사 해석어

현재	~되어 진다
과거	~되어 졌다
미래	~되어 질 것이다
현재 진행	~되어 지는 중이다
과거 진행	~되어 지던 중이었다
미래 진행	없음

동사 해석어

현재 완료	지금까지 죽 ~되어져 진다
과거 완료	그때까지는 죽 ~되어져 왔었다
미래 완료	앞으로도 죽 ~되어 질 것이다
현재 완료 진행	없음
과거 완료 진행	없음
미래 완료 진행	없음

수동태 / 능동태 비교

make	만든다		make	만들다
making	만드는 중		made	만들어 진
be making	만드는 중이다	be	made	만들어 진다
write	쓰다		write	쓰다
writing	쓰는 중		written	쓰여 진
be writing	쓰는 중이다	be	written	쓰여 진다
cook	요리하다		cook	요리하다
cooking	요리하는 중		cooked	요리되는
be cooking	요리하는 중이다	be	cooked	요리되어 진다

02 수동태 8 시제

Lecture 20

수동태는 주어가 어떤 동작을 당하거나 받는 것을 의미한다. 다만 영작 시에는 수동태 문장이 전체의 30%를 넘지 않기를 권한다. 또한 능동태 문장이 더 박력이 있어 보인다.

is	loved	사랑 받는다
was	loved	사랑 받았다
will be	loved	사랑 받을 것이다
is being	loved	사랑 받는 중이다
was being	loved	사랑 받던 중이었다
have been	loved	지금까지 죽 사랑 받아왔다
had been	loved	그때까지는 죽 사랑 받아왔었다
will have been	loved	앞으로도 죽 사랑 받을 것이다

is	made	만들어 진다
was	made	만들어 졌다
will be	made	만들어 질 것이다
is being	made	만들어 지고 있는 중이다
was being	made	만들어 지던 중이었다
have been	made	지금까지 죽 만들어져 왔다
had been	made	그때까지는 죽 만들어져 왔었다
will have been	made	앞으로도 죽 만들어 질 것이다

Examples

❶ A little nonsense is sometimes relished by the wisest men.

> **리듬독해** Reading in Rhythm
>
> A little nonsense is sometimes relished by the wisest men.
>
> 사소한 허튼 소리는 때때로 음미되어 진다 현자들에 의해서

어휘 nonsense 허튼소리 relish 음미하다
해석 사소한 허튼 소리는 현자들에 의해서 때때로 음미되어 진다.
필자주 식자들의 작은 유머도 아주 유쾌하다. 왜냐하면 의표를 찌르기 때문이다. 그러나 코미디언의 번쩍이는 유머는 웃음을 유발하기 쉽지 않다.

❷ All greatness is achieved while performing outside your comfort zone.

> **리듬독해 Reading in Rhythm**
> All greatness is achieved   모든 위대함은 성취되어 진다
> while performing outside your comfort zone. 당신의 편안한 지역 밖에서 행하는 동안에

어휘 greatness 위대함 achieve 성취하다 perform 행하다 comfort 편안 zone 지역
해석 모든 위대함은 당신의 편안한 지역 밖에서 행하는 동안에 성취되어 진다.

❸ Love is composed of a single soul inhabiting two bodies.

> **리듬독해 Reading in Rhythm**
> Love is composed of a single soul   사랑은 단 하나의 영혼으로 구성되어 진다
> inhabiting two bodies.   두 몸에 거주 하는

어휘 compose 구성하다 soul 영혼 inhabit 거주하다
해석 사랑은 두 몸에 거주 하는 단 하나의 영혼으로 구성되어 진다.
필자주 처음에 왜 사랑에 빠졌는지를 기억하는 사람은 끝없이 사랑이 샘솟는다. 그래서 가족 사진 앨범이 필요하다. 사랑에 빠졌을 때 아끼지 말고 열심히 사진을 찍어 두라.

❹ Most of the trouble in the world is caused by people wanting to be important.

> **리듬독해 Reading in Rhythm**
> Most of the trouble in the world   세상에 있는 문제들은
> is caused by people   사람들에 의해서 야기되어 진다
> wanting to be important.   중요하게 되고 싶어하는

어휘 cause 야기하다
해석 세상에 있는 문제들은 중요하게 되고 싶어하는 사람들에 의해서 야기되어 진다.
필자주 어느 얼빠진 유럽의 왕이 "왕의 주된 사업은 전쟁이다."라고 했다. 그런 존경은 나를 겨누는 총구에서 나오지 않고 나의 적을 향한 총구에서 나온다.

❺ The greatest gift is not found in a store nor under a tree, but in the hearts of true friends.

리듬독해 Reading in Rhythm

The greatest gift is not found	가장 큰 선물은 발견되어 지지 않는다
in a store	가게 안에서
nor under a tree,	혹은 나무 아래에서
but in the hearts of true friends.	그러나 진정한 친구들의 마음속에서 (발견된다)

어휘 gift 선물

해석 가장 큰 선물은 가게 안에서 혹은 나무 아래에서 발견되어 지지 않는다. 그러나 진정한 친구들의 마음속에서 (발견된다)

❻ Anything that can be changed will be changed until there is no time left to change anything.

리듬독해 Reading in Rhythm

Anything that can be changed	바뀌어 질 수 있는 어떤 것도
will be changed	바뀌어 질 것이다
until there is no time left	남아있는 시간이 없을 때까지
to change anything.	어떤 것을 바꿀

해석 바뀌어 질 수 있는 어떤 것도 어떤 것을 바꿀 남아있는 시간이 없을 때까지 바뀌어 질 것이다.

❼ Let us more and more insist on raising funds of love, of kindness, of understanding, of peace; the rest will be given.

리듬독해 Reading in Rhythm

Let us more and more insist	더 더욱 주장 합시다
on raising funds of love,	사랑의 기금을 조성하는 것을
of kindness,	친절의
of understanding,	이해의
of peace;	평화의
the rest will be given.	그러면 나머지는 주어질 겁니다

어휘 insist 주장하다   raise 모으다   fund 기금

해석 사랑의, 친절의, 이해의, 평화의 기금을 조성하는 것을 더 더욱 주장합시다; 그러면 나머지는 주어질 겁니다.

❽ If you depend on others to make you happy, you will be endlessly disappointed.

> **리듬독해 Reading in Rhythm**
>
> If you depend on others   만약 당신이 다른 사람들에게 의존한다면
> to make you happy,   당신을 행복하게 만들기 위해서
> you will be endlessly disappointed.   당신은 끝없이 실망할 것이다

어휘 depend 의존하다   endlessly 끝없이   disappointed 실망한
해석 만약 당신이 당신을 행복하게 만들기 위해서 다른 사람들에게 의존한다면, 당신은 끝없이 실망할 것이다.
필자주 나를 행복하게 만들어 줄 사람을 찾기보다는 내가 행복하게 만들어 줄 수 있는 바로 곁에 있는 사람을 바라보자. 우리는 대체 받을 때 보다는 줄 때 더 행복해지도록 설계된 아주 괜찮은 피조물이다.

❾ I know not with what weapons World War III will be fought, but World War IV will be fought with sticks and stones.

> **리듬독해 Reading in Rhythm**
>
> I know not   나는 알지 못한다
> with what weapons   어떤 무기들을 가지고
> World War III will be fought,   3차 세계대전이 치루어 질지
> but World War IV will be fought   그러나 4차 세계대전은 치루어 질 것이다
> with sticks and stones.   막대기와 돌들로

어휘 weapon 무기   stick 막대기
해석 나는 어떤 무기들을 가지고 3차 세계대전이 치루어 질지 알지 못한다, 그러나 4차 세계대전은 막대기와 돌들로 치루어 질 것이다.
필자주 아인슈타인이 핵전쟁에 관한 질문을 받았을 때 한 말이다. 유머도 풍부.

❿ The highest compliment one can be paid by another human being is to be told: "You are essential to my happiness."

> **리듬독해 Reading in Rhythm**
>
> The highest compliment   최상의 칭찬
> // one can be paid by another human being   한 사람이 다른 사람으로부터 받을 수 있는
> is to be told: 다음과 같이 말이 되어져야 한다
> "You are essential to my happiness."   "당신은 나의 행복의 필수적입니다."

어휘 **compliment** 칭찬 **essential** 필수적인

해석 한 사람이 다른 사람으로부터 받을 수 있는 최상의 칭찬은 다음과 같이 말이 되어져야 한다. "당신은 나의 행복의 필수적입니다."

필자주 우리는 우리의 행복한 모습만으로도 남을 행복하게 만들 수 있다. cynic만 빼고. 그 사람들은 도대체가 구제불능 이니까.

11. In this world, nothing can be said to be certain, except death and taxes.

리듬독해 Reading in Rhythm

In this world,	이 세상에서
nothing can be said to be certain,	어떠한 것도 분명하게 언급될 수 없다,
except death and taxes.	죽음과 세금을 제외하고는

어휘 **certain** 분명한 **except** 제외하고 **tax** 세금

해석 이 세상에서, 어떠한 것도 죽음과 세금을 제외하고는 분명하게 언급될 수 없다.

필자주 치과에서 잔뜩 겁먹은 환자가 치과의사에게 묻는다. "아플까요?" 치과의사 왈, "주사보다는 더 아프고, 세금보다는 덜 아플겁니다." 세금, 아, 무섭고, 아프다!

12. Middle age starts when you have been warned to slow down, not by a motorcycle cop, but by your doctor.

리듬독해 Reading in Rhythm

Middle age starts	중년은 시작된다
when you have been warned to slow down,	당신이 속도를 늦추라고 경고 받을 때
not by a motorcycle cop,	오토바이 교통경찰에 의해서가 아니라
but by your doctor.	당신의 의사에 의해서

어휘 **middle age** 중년 **slow down** 속도를 늦추다 **motorcycle cop** 오토바이 교통경찰

해석 중년은 오토바이 교통경찰에 의해서가 아니라 당신의 의사에 의해서 당신이 속도를 늦추라고 경고 받을 때 시작된다.

필자주 당신이 완벽하게 건강하다면, 보험회사에게는 사랑을, 의사에게는 미움을 받을 것이다. 그러나 길 가는 사람 아무나 붙잡아서 검진 해보면 누구나 죽을 병 3가지는 갖고 있단다.

13. Some have been thought brave because they were afraid to run away.

리듬독해 Reading in Rhythm

| Some have been thought brave | 어떤 사람들은 용감하다고 여겨져 왔다 |
| because they were afraid to run away. | 그들이 도망가기를 두려워 했기 때문에 |

어휘 brave 용감한 afraid 두려워 하는 run away 도망가다

해석 어떤 사람들은 그들이 도망가기를 두려워 했기 때문에 용감하다고 여겨져 왔다.

필자주 전투 전에는 자신과 가족이 주가 되지만, 전투에 임하면 전우와 부대뿐이다. 다만 기도하건데, 나의 온몸이 정조준 금지 지역이라는 것을 적이 좀 알아 주었으면 한다.

14 Table manners must have been invented by people who were never hungry.

리듬독해 Reading in Rhythm

Table manners must have been invented	식탁 예절은 발명되었음에 틀림없다
by people	사람들에 의해서
who were never hungry.	결코 배고프지 않은

어휘 manners 예절 invent 발명하다

해석 식탁 예절은 결코 배고프지 않은 사람들에 의해서 발명되었음에 틀림없다.

필자주 이 세상에서 사람 입에 밥이 들어가는 것보다 더 거룩한 일은 없다. 아이가 울 때, 배가 고파서 울 때 가장 가슴이 아프다. 부모는 기꺼이 칼을 들고 길을 나설 수도 있다.

15 Ulcers are caused not so much by what we eat as what is eating us.

리듬독해 Reading in Rhythm

Ulcers are caused not so much	궤양들은 그렇게 많이 일어나지는 않는다
by what we eat	우리가 먹는 것에 의해서는
as what is eating us.	우리를 먹고 있는 것들 만큼

어휘 ulcer 궤양 cause 야기하다

해석 궤양들은 우리를 먹고 있는 것들 만큼 우리가 먹는 것에 의해서는 그렇게 많이 일어나지는 않는다.

16 Women's creed: If you are treated a wonderful dinner, you would cook for him for 50 years.

리듬독해 Reading in Rhythm

Women's creed: 여성의 신조:
If you are treated a wonderful dinner,   만약 당신이 한 끼의 멋진 저녁 식사를 대접받는다면
you would cook for him for 50 years.   당신은 50년 동안 그를 위해서 요리할 것이다.

어휘 creed 신조   treat 대접하다

해석 여성의 신조: 만약 당신이 한 끼의 멋진 저녁 식사를 대접받는다면, 당신은 50년 동안 그를 위해서 요리할 것이다.

필자주 남성의 신조 : 저녁 한 끼 사주고도 모자라 평생 먹여 살려야 한다. 그리고 끝없이 사랑한다는 말과 함께 행동으로 보여 주어야 한다. "No money, No honey." 이것이 남자의 일생이다.

17. Humans are like tea bags; they never realize their strength until they are put in hot water.

리듬독해 Reading in Rhythm

Humans are like tea bags;   인간들은 티백들과 같다
they never realize their strength   그들은 그들의 능력을 깨닫지 못한다
until they are put in hot water.   그들이 뜨거운 물에 넣어 질 때까지는

어휘 realize 깨닫다   strength 능력

해석 인간들은 티백들과 같다; 그들은 그들이 뜨거운 물에 넣어 질 때까지는 그들의 능력을 깨닫지 못한다.

18. The fact that some geniuses were laughed at does not imply that all who are laughed at are geniuses.

리듬독해 Reading in Rhythm

The fact that some geniuses were laughed at   천재들이 비웃음을 받았다는 사실은
does not imply   암시하지는 않는다
that all who are laughed at   비웃음을 받는 모든 사람들이
are geniuses.   천재라는 것을

어휘 geniuses 천재   laugh at 비웃다   imply 암시하다

해석 천재들이 비웃음을 받았다는 사실은 비웃음을 받는 모든 사람들이 천재라는 것을 암시하지는 않는다.

필자주 천재 : 천하에 재수없는 녀석
영재 : 영원히 재수없는 녀석

수재 : 수도 없이 재수없는 녀석
평재 : 나와 내 친구들
집안 좋지, 잘 생겼지, 마음 착하지, 공부 잘하지....... 뭐 이런 게 다 있어?

19 So long as some are strong and some are weak, the weak will be driven to the wall.

> **리듬독해 Reading in Rhythm**
>
> So long as some are strong   어떤 사람들이 강한 한
> and some are weak,   그리고 어떤 사람들은 약한 한
> the weak will be driven to the wall. 약자들은 벽으로 몰릴 것이다.

어휘 so long as ~하는 한   weak 약하다   drive 몰아 부치다
해석 어떤 사람들이 강한 한, 그리고 어떤 사람들은 약한 한, 약자들은 벽으로 몰릴 것이다.
필자주 그러나 벽은 하나님이다. 정말 든든한 빽이다.

20 No fine work can be done without concentration and self-sacrifice and toil and doubt.

> **리듬독해 Reading in Rhythm**
>
> No fine work can be done   어떠한 멋진 일도 되어지지는 않을 것이다
> without concentration   집념이 없이는
> and self-sacrifice   그리고 자기 희생
> and toil   그리고 노고
> and doubt.   그리고 의심 (없이는)

어휘 concentration 집념   self-sacrifice 자기희생   toil 노고   doubt 의심
해석 어떠한 멋진 일도, 집념, 그리고 자기 희생, 그리고 노고, 그리고 의심이 없이는 되어지지는 않을 것이다.
필자주 성공한 사람의 생은 이렇게 고달프다.

Lecture 21
사역동사 / 지각동사

Lecture Target

① 사역동사 / 지각동사 문장 형태를 익힌다.
② 목적격 보어의 형태를 익힌다.

01 사역동사

사역동사는 주어가 목적어로 하여금 [~하게 시킨다]는 의미이며, 반드시 목적격 보어가 따라 나온다. 그래야 말이 되니까……

사역동사와 부정사

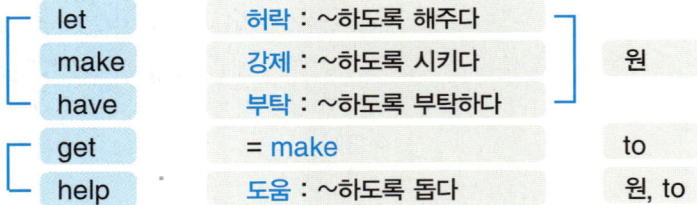

삼총사(let, make, have)를 감초(get)이 돕는다, 하나, 둘, 하나, 둘 (원, to, 원, to)

Examples

I will let him clean the car.	나는 그가 차를 닦도록 해줄 것이다.
I will make him clean the car.	나는 그가 차를 닦도록 시킬 것이다.
I will have him clean the car.	나는 그가 차를 닦도록 부탁할 것이다.
I will get him to clean the car.	나는 그가 차를 닦도록 시킬 것이다.
I will help him clean the car.	나는 그가 차를 닦는 것을 도와 줄 것이다.
I will help him to clean the car.	나는 그가 차를 닦는 것을 도와 줄 것이다.

02 사역동사 목적격보어

Lecture 21

사역동사의 목적격 보어

사역 + 목적격 + 명사
　　　　　　　　　형용사
　　　　　　　　　원형 부정사
　　　　　　　　　to부정사
　　　　　　　　　과거 분사

Examples

I will make him a doctor.　　　　　　　나는 그를 의사로 만들 것이다.
I will make him happy.　　　　　　　　나는 그를 행복하게 만들 것이다.
I will make him cut the grass.　　　　나는 그가 풀을 깎도록 시킬 것이다.
I will get him to paint the wall.　　　나는 그가 담을 칠하도록 시킬 것이다.
I will help him finish the school.　　나는 그가 학교를 마치도록 도울 것이다.
I will help him not to give up.　　　　나는 그가 포기하지 않도록 도울 것이다.
I will have my car repaired.　　　　　나는 나의 차가 수리되도록 부탁할 것이다.

03 지각동사 목적격보어

Lecture 21

지각동사 종류

| see | 보다 | | feel | 느끼다 |
| watch | 지켜 보다 | | notice | 알아 채다 |

| hear | 듣다 | | observe | 관찰하다 |
| listen to | 귀를 기울이다 | | find | 찾다 |

Examples

I saw him work hard.	나는 그가 늘 열심히 일하는 것을 보았다.
I watched him work hard.	나는 그가 늘 열심히 일하는 것을 지켜 보았다.
I heard him read poems.	나는 그가 늘 시들을 읽는 것을 들었다.
I listened to him read poems.	나는 그가 늘 시들을 읽는 것에 귀를 기울였다.
I felt him love you so much.	나는 그가 너를 무척 사랑하는 것을 느꼈다.
I noticed him love you so much.	나는 그가 너를 무척 사랑하는 것을 알아챘다.
I observed him take good care of flowers.	나는 그가 꽃들을 잘 돌보는 것을 관찰했다.
I found him have interest of gardening.	나는 그가 원예에 관심을 가진 것을 발견했다.

해설 눈 두 개 (see, watch), 귀 두 개(hear, listen to), 손 두 개 (feel, notice)로 관찰하여 (observe) 발견하다 (find)

사역동사의 목적격 보어

사역 + 목적격 + 형용사
원형 부정사
현재 분사
과거 분사

Examples

I saw him happy.	나는 그가 행복한 것을 보았다.
I saw him help the poor people.	나는 그가 가난한 사람들을 돕는 것을 보았다.
I saw him helping the poor people.	나는 그가 가난한 사람들을 돕는 중인 것을 보았다.
I saw him helped by the warm-hearted people.	나는 그가 마음 따뜻한 사람들에 의해 도움을 받는 것을 보았다.

In Proverbs

❶ Courage is never to let your actions be influenced by your fears.

리듬독해 Reading in Rhythm

Courage is never to let your actions	용기는 당신의 행동들을 ~하도록 하지 않을 것이다
be influenced	영향을 받도록
by your fears.	당신의 공포에 의해서

어휘 courage 용기   influence 영향을 끼치다   fear 공포
해석 용기는 당신의 행동들을 당신의 공포에 의해서 영향을 받도록 하지 않을 것이다.
필자주 외롭지만 않다면 용기가 꺾일 이유가 없다. 힘차게 잡아 준 따뜻한 손, 그것이 공포를 이기게 만드는 가장 큰 격려이다. 말은 양념!

❷ No one can make you feel inferior without your permission.

리듬독해 Reading in Rhythm

No one can make you	어떠한 사람들도 당신을 ~하도록 만들 수는 없다
feel inferior	열등감을 느끼도록
without your permission.	당신의 허락없이는

어휘 inferior 열등한   permission 허락
해석 어떠한 사람들도 당신을 당신의 허락없이는 열등감을 느끼도록 만들 수는 없다.
필자주 국가대표 축구 선수도 농구할 때에는 열등감을 느낀다. 농구마저도 잘하는 천재를 빼고는...

❸ You should have him do something for you if you want him to do it with pleasure.

리듬독해 Reading in Rhythm

You should have him	당신은 그가 ~하도록 부탁하는 것이 좋다
do something for you	당신을 위해서 무언가를 하도록
if you want him	만약 당신이 그가 ~를 하기를 원한다면
to do it with pleasure	기꺼이 그것을 하도록

어휘 with pleasure 기꺼이
해석 당신은 그가 당신을 위해서 무언가를 하도록 부탁하는 것이 좋다, 만약 당신이 그가 기꺼이 그것을 하기를 원한다면.

Lecture 21 사역동사/지각동사

❹ If you often get your children to do charity, they will be nicer than you anticipate.

> **리듬독해 Reading in Rhythm**
>
> | | |
> |---|---|
> | If you often get your children | 만약 당신이 당신의 자녀들로 하여금 ~하도록 종종 만든다면 |
> | to do charity, | 자비를 베풀도록 |
> | they will be nicer | 그들은 더 멋지게 될 것이다 |
> | than you anticipate. | 당신이 기대하는 것보다 |

어휘 charity 자비 anticipate 기대하다
해석 만약 당신이 당신의 자녀들로 하여금 자비를 베풀도록 종종 만든다면, 그들은 당신이 기대하는 것보다 더 멋지게 될 것이다.
필자주 helping hand와 helped hand의 차이점은 보람과 슬픔의 차이를 만든다.

❺ Just a little luck can help you to feel confident of your great success.

> **리듬독해 Reading in Rhythm**
>
> | | |
> |---|---|
> | Just a little luck can help you | 아주 작은 행운이 당신을 도울 수 있다 |
> | to feel confident | 더 확신이 들게 느끼도록 |
> | of your great success. | 당신의 큰 성공에 대해서 |

어휘 confident 확신하는
해석 아주 작은 행운이 당신을 당신의 큰 성공에 대해서 더 확신이 들게 느끼도록 도울 수 있다.
필자주 행운은 노력하는 자의 편이다. 그리고 작아 보이는 행운은 사실은 작은 것이 아닐지도 모른다. 큰 솜 뭉치와 작은 쇠 덩어리의 비유가 될 수도 있기 때문이다.

❻ In one dream, I once saw myself waiting for some helping hand, sitting at the street corner.

> **리듬독해 Reading in Rhythm**
>
> | | |
> |---|---|
> | In one dream, | 한 꿈에서 |
> | I once saw myself | 나는 한 번은 내 자신을 보았다 |
> | waiting for some helping hand, | 어떤 도움의 손길을 기다리고 있는 중인 것을 |
> | sitting at the street corner. | 길 모퉁이에 앉아서 |

어휘 helping hand 도움의 손길

해석 한 꿈에서, 나는 한 번은 내 자신이 길 모퉁이에 앉아서 어떤 도움의 손길을 기다리고 있는 중인 것을 보았다.
필자주 스크루지는 구두쇠가 아니라, 한 때는 구두쇠였던 사람이다. 결말이 그렇다.

❼ Do you know how painful it is to tell someone you love him and not to hear him say it back?

리듬독해 Reading in Rhythm

Do you know	당신은 아십니까?
how painful it is to tell someone	어떤 사람에게 말하는 것이 얼마나 고통스러운지
// you love him	당신이 그를 사랑한다라고
and not to hear him say it back?	그리고는 그가 같은 말로 응대하는 것을 듣지 못하는 것이

어휘 **painful** 고통스러운 **say back** 응대하다
해석 당신은 당신이 어떤 사람에게 그를 사랑한다라고 말하고 그리고는 그가 같은 말로 응대하는 것을 듣지 못하는 것이 얼마나 고통스러운지 아십니까?
필자주 침묵이 언제나 금은 아니다. 말을 해야 할 때에는 해야 한다. 특히 사랑에 대해서는 ……

❽ I felt someone watching over me and protecting me, whenever I was in the middle of the battle.

리듬독해 Reading in Rhythm

I felt someone	나는 누군가가 ~하는 중인 것을 느꼈다
watching over me	나를 지켜보고 있는 중
and protecting me,	나를 보호해 주는 중
whenever I was in the middle of the battle.	내가 전투의 한가운데 있을 때는 언제든지

어휘 **protect** 보호하다 **battle** 전투
해석 나는 누군가가 내가 전투의 한가운데 있을 때는 언제든지 나를 지켜보며, 나를 보호해 주는 중인 것을 느꼈다.

❾ All of sudden, I noticed many of my friends encouraging me to cheer myself up.

리듬독해 Reading in Rhythm

All of sudden,	갑자기
I noticed many of my friends	나는 나의 친구들 중에 많은 수가 ~하는 것을 알아챘다

Lecture 21 사역동사/지각동사

| encouraging me | 나를 격려하고 있는 중 |
| to cheer myself up. | 내 스스로 용기를 북돋우라고 |

어휘 notice 알아채다   encourage 격려하다   cheer up 격려하다

해석 갑자기, 나는 나의 친구들 중에 많은 수가 내 스스로 용기를 북돋우라고 나를 격려하고 있는 중인 것을 알아챘다.

필자주 "용기를 내."라는 말은 멋지게 들리지만 그것은 당신이 지금 곤란한 지경에 있다는 의미이고, "Celavi. (인생이 뭐 다 그렇지.)"라는 말은 세상을 달관하거나 해탈한 것이 아니라 절망적이라는 의미이다.

❿ I found everything easier if I once take another way.

리듬독해 Reading in Rhythm

| I found everything easier | 나는 모든 것이 더 쉽다는 것을 발견했다 |
| if I once take another way. | 만약 내가 일단 다른 방법을 택한다면 |

해석 나는 만약 내가 일단 다른 방법을 택한다면 모든 것이 더 쉽다는 것을 발견했다.

필자주 미담이가 아니라 여담이었다.

Lecture 22

주격 보어 목적어 판단법

Lecture Target

❶ 자동사 / 타동사를 구분한다.

Lecture 22
01 자동사 / 타동사 형태 비교

자동사 / 타동사

| 자동사 | 1. 목적어가 올 수 없는 동사
2. 수동태가 불가능하다. |

| 타동사 | 1. 목적어가 올 수 있는 동사
2. 수동태가 가능하다.
3. 우리말에 (~을, ~를)이 붙어야 말이 된다. |

자동사 / 타동사 형태

동사 + ~~목적어~~ = 자동사

동사 + 목적어 = 타동사

Examples

1. I go to school.   나는 학교에 다닌다.
2. Mountains turned red and gold.   산들은 울긋불긋하게 바뀌었다.
3. That sounds great.   그것은 멋지게 들린다.
4. You look like a fashion model.   너는 패션 모델처럼 보인다.
5. I live in Seoul.   나는 서울에서 산다.
6. I live a happy life.   나는 행복한 삶을 산다.
7. She sings beautifully.   그녀는 아름답게 노래한다.
8. She sang 3 songs at the party.   그녀는 그 파티에서 3곡을 불렀다.

해설
1. to school = 부사구 완전 자동사
2. red and gold = 주격 보어 불완전 자동사
3. great = 주격 보어 불완전 자동사
4. like a fashion model = 부사구 완전 자동사
5. in Seoul = 부사구 완전 자동사
6. a happy life = 목적어 완전 타동사
7. beautifully = 부사 완전 자동사
8. 3 songs = 목적어 완전 타동사

필자주
1. 같은 동사도 자동사와 타동사로 쓰일 수가 있다.
2. 동사 뒤에 어떤 품사가 왔느냐가 정하여 준다.

02 주격 보어 판단법

Lecture 22

자동사 / 타동사

Be + 명사
     형용사

일반 + 형용사

Examples

❶ I am not a vegetarian because I love animals; I am a vegetarian not because I hate plants.

리듬독해 Reading in Rhythm

I am not a vegetarian	나는 채식주의자이다
because I love animals;	내가 동물들을 사랑하기 때문에;
I am a vegetarian	나는 채식주의자이다
not because I hate plants.	왜냐하면 내가 식물들을 싫어하지 않기 때문이 아니라

어휘 vegetarian 채식주의자   hate 싫어하다   plant 식물
해석 나는 내가 동물들을 사랑하기 때문에 채식주의자이다; 나는 내가 식물들을 싫어하지 않기 때문에 채식주의자는 아니다.
필자주 무슨 무슨 -주의(-ism)는 스스로 만 올가미이다. 옆에서 죽여주는 스테이크 익는 냄새를 두고 채소만 먹는 것은 정말 존경할 만하다. 육식하는 사람들을 경멸하지만 않는다면……

❷ I am the world's greatest authority on my own opirion.

리듬독해 Reading in Rhythm

| I am the world's greatest authority | 나는 세상에서 가장 위대한 권위자이다 |
| on my own opinion. | 내 자신만의 의견에서 |

어휘 authority 권위, 권위자   opinion 의견
해석 나는 내 자신만의 의견에서는 세상에서 가장 위대한 권위자이다.

❸ I am not young enough to know everything.

Lecture 22 주격 보어 목적어 판단법 185

리듬독해 Reading in Rhythm

I am not young enough
to know everything.

나는 충분히 젊지 않았다
모든 것을 알 만큼

해석 나는 모든 것을 알 만큼 충분히 젊지 않았다.

필자주 우리의 가장 큰 해결사들은 택시 기사와 청소년이다. 그들이 해결책을 가지지 못한 문제는 이 세상에 있을 수 없다.

4 It is better to forget and smile, than to remember and be sad.

리듬독해 Reading in Rhythm

It is better
to forget and smile,
than to remember and be sad.

그것은 더 좋다
잊어버리고 미소짓는 것이
기억하면서 슬퍼하는 것 보다 더

해석 기억하면서 슬퍼하는 것보다 잊어버리고 미소짓는 것이 더 좋다.

필자주 슬픈 기억은 정말 길고도 질기다. 자다가도 벌떡 일어나서 방 모퉁이에 기대어 고개를 숙이고 앉아 있는 사람들이 얼마나 많은가?

5 People don't grow old; they merely get old by not growing.

리듬독해 Reading in Rhythm

People don't grow old;
they merely get old
by not growing.

사람들은 늙지 않는다;
그들은 단지 늙을 뿐이다
성장하지 않음으로써

어휘 merely 단순히

해석 사람들은 늙지 않는다; 그들은 단지 성장하지 않음으로써 늙을 뿐이다.

필자주 작고하신 공병우 박사님은 76세에 컴퓨터를 처음 접하시고 84세에 한국에서 가장 뛰어난 전문가들 중에 한 분이 되셨다. 그 분은 늙어 보신 적이 절대 없이 청년으로서 돌아 가셨다.

6 They get angry with the waste on the road; they don't care about the waste in heart.

> **리듬독해 Reading in Rhythm**
>
> They get angry   사람들은 화를 낸다
> with the waste on the road;   길거리에 있는 쓰레기에;
> they don't care   사람들은 신경쓰지 않는다
> about the waste in heart.   마음속에 있는 쓰레기에 대해서

어휘 waste 쓰레기

해석 사람들은 길거리에 있는 쓰레기에 화를 낸다; 반면에 사람들은 마음속에 있는 쓰레기에 대해서는 신경쓰지 않는다.

❼ Next year 3 1/2 million kids will turn sixteen, and 7 million parents will turn pale.

> **리듬독해 Reading in Rhythm**
>
> Next year   내년에
> 3 1/2 million kids will turn sixteen,   350만 명의 아이들이 16세가 될 것이다,
> and 7 million parents will turn pale.   그리고 700만 명의 부모들은 파랗게 질릴 것이다.

어휘 turn 되다   pale 창백한

해석 내년에 350만 명의 아이들이 16세가 될 것이다, 그리고 700만 명의 부모들은 파랗게 질릴 것이다.

필자주 그리고 그 부모들도 수십 년 전에는 그들의 부모님들을 파랗게 질리게 만들었었다. 업보로다...!.

❽ As I grow older, I pay less attention to what men say; I just watch what they do.

> **리듬독해 Reading in Rhythm**
>
> As I grow older,   내가 나이가 더 들어감에 따라
> I pay less attention   나는 덜 주목한다
> to what men say;   사람들이 말하는 것에 대해서
> I just watch   나는 단지 지켜 본다
> what they do.   그들이 무엇을 하는 지를

어휘 attention 주목

해석 내가 나이가 더 들어감에 따라, 나는 사람들이 말하는 것에 대해서 덜 주목한다. 나는 단지 그들이 무엇을 하는 지를 지켜 본다.

Lecture 22 주격 보어 목적어 판단법

9 People are easy to say hello when you look easy.

> **리듬독해 Reading in Rhythm**
>
> People are easy　　　　　　　사람들은 편안하다
> to say hello　　　　　　　　　인사하는 데
> when you look easy.　　　　　당신이 편하게 보일 때

어휘 easy 편안한

해석 사람들은 당신이 편하게 보일 때 인사하는 데 편안하다.

필자주 누구나 인사를 하기 전에 상대의 상황을 미리 알아보려고 한다. 초상집에 가서 무심코 "안녕하십니까? 그 동안 별고 없으십니까?"라는 황당한 인사가 나오지 않는다는 보장이 없다.

10 We do not need a reason to feel sad; nor do we need a reason to cry.

> **리듬독해 Reading in Rhythm**
>
> We do not need a reason　　　우리는 이유를 필요로 하지 않는다
> to feel sad;　　　　　　　　　슬프게 느껴야 할
> nor do we need a reason　　　혹은 이유도 필요 없다
> to cry.　　　　　　　　　　　울어야 할

어휘 reason 이유

해석 우리는 슬프게 느껴야 할 이유를 필요로 하지 않는다; 혹은 울어야 할 이유도 필요 없다.

03 목적어 판단법

Lecture 22

목적어는 무조건 동사 뒤에 있는 명사이다.

목적어의 형태

Examples

❶ A tongue four inches long can kill a man six feet tall.

리듬독해 Reading in Rhythm

| A tongue four inches long | 4인치의 혀가 |
| can kill a man six feet tall. | 6피트 키의 사람을 죽일 수 있다 |

어휘 tongue 혀 inch 인치
해석 4인치의 혀가 6피트 키의 사람을 죽일 수 있다.
필자주 합법적인 살인이지만, 야비한 살인이다. 뱀의 혀를 가진 것이다. 혀를 보이는 것만으로도 충분히 오싹하다.

❷ In the end, we will remember not the words of our enemies, but the silence of our friends.

리듬독해 Reading in Rhythm

In the end,	최후에
we will remember	우리는 기억할 것이다
not the words of our enemies,	우리의 적들의 말이 아니라
but the silence of our friends.	우리 친구들의 침묵을

어휘 enemy 적 silence 침묵
해석 최후에, 우리는 우리의 적들의 말이 아니라 우리 친구들의 침묵을 기억할 것이다.
필자주 그리고 더 기억되는 것은 친구들의 도움이다.

❸ May your trouble be like the old man's teeth: few and far between.

> **리듬독해 Reading in Rhythm**
>
> May your trouble be　　　　　　당신의 고통이 ~같기를 바랍니다
> like the old man's teeth:　　　　노인의 치아와 같기를:
> few and far between!　　　　　　수는 적고, 사이는 멀고

어휘 far 먼　between 사이
해석 당신의 고통이 노인의 치아와 같기를 바랍니다: 수는 적고, 사이는 멀고

❹ No one ever injured his eyesight by looking on the bright side of things.

> **리듬독해 Reading in Rhythm**
>
> No one ever injured his eyesight　　　어떠한 사람도 그의 시력을 다친 사람은 결코 없다
> by looking on the bright side of things.　모든 일의 밝은 면을 바라봄으로써

어휘 injure 다치게 하다　eyesight 시력
해석 어떠한 사람도 모든 일의 밝은 면을 바라봄으로써 그의 시력을 다친 사람은 결코 없다.
필자주 빛은 어두움을 몰아내도, 어두움이 빛을 몰아내지는 못한다. 그러나 현실 세계에서 어두움은 종종 빛을 가리게 된다.

❺ People pick bad things from bad company very quickly.

> **리듬독해 Reading in Rhythm**
>
> People pick bad things　　　　　　사람들은 나쁜 일을 배운다
> from bad company very quickly.　　나쁜 친구들로부터 아주 빠르게

해석 사람들은 나쁜 친구들로부터 아주 빠르게 나쁜 일을 배운다.
필자주 "자식 못된 것 부모만 모르고, 마누라 바람난 것 남편이 가장 늦게 알게 된다."라는 속담이 있듯이 내 아이가 나쁜 친구를 만난 것인지, 아니면 다른 친구가 나쁜 내 아이를 만난 것인지 부모는 모른다.

❻ We can learn much from wise words, little from wisecracks, and less from wise guys.

리듬독해 Reading in Rhythm

We can learn 우리는 배울 수 있다
much from wise words, 현명한 말들로부터 많이
little from wisecracks, 경구(警句)로부터는 아주 적게
and less from wise guys. 그리고 현명한 친구들로부터는 더 적게

어휘 wisecrack 경구(警句)

해석 우리는 현명한 말들로부터 많이, 경구(警句)로부터는 아주 적게, 그리고 현명한 친구들로부터는 더 적게 배울 수 있다.

필자주 "아내와 비서에게 영웅은 없다." 알고 보면 다 고만 고만한 것이 인생이다.

❼ Nearly all men can stand adversity, but if you want to test a man's character, give him power.

리듬독해 Reading in Rhythm

Nearly all men can stand adversity, 거의 모든 사람들이 역경을 견딜 수 있다
but if you want to test a man's, 그러나 만약 당신이 한 사람의 성격을 알려면
give him power. 그에게 권력을 주어라

어휘 nearly 거의   adversity 역경   character 성격   power 권력

해석 거의 모든 사람들이 역경을 견딜 수 있다, 그러나 만약 당신이 한 사람의 성격을 알려면, 그에게 권력을 주어라.

필자주 스탈린 시절 구 소련의 국방장관인 트로츠키가 하루는 연회를 개최하였다. 그런데 그들 부부가 연회장에 도착했을 때 초청장이 없었다. 아무리 뭐라고 해도 헌병은 막무가내로 입장을 시켜주지 않았고, 할 수 없이 트로츠키는 집으로 가서 초청장을 가져온 다음에야 들어 갈 수 있었다. 그리고 권력은 작으나 크나 정말 막강한 것임을 깨달았다.

❽ When you go to a party, you should bring your heart as well.

리듬독해 Reading in Rhythm

When you go to a party, 당신이 파티에 갈 때
you should bring your heart as well. 당신은 당신의 마음도 가져가는 것이 좋다

어휘 as well = also

해석 당신이 파티에 갈 때, 당신은 당신의 마음도 가져가는 것이 좋다.

필자주 "에이, 바빠 죽겠는데 웬 파티야." 라든가 "휴일에 쉴 복도 없군."이라는 감정은 초대받았을 때 종종 나온다. 그러나 가야 한다면 기쁘게 가라. 언젠가 초대조차 받지 못할 지도 모르니까.

Lecture 22 주격 보어 목적어 판단법

9 Don't ask yourself that I am your friend; ask yourself that you are his friend.

> **리듬독해** Reading in Rhythm
>
> Don't ask yourself　　　　　　　당신 자신에게 묻지 마라
> that he is my friend;　　　　　　그가 나의 친구인지
> ask yourself　　　　　　　　　　당신 자신에게 물어라
> that you are his friend.　　　　　당신이 그의 친구인지

해석 당신 자신에게 그가 나의 친구인지 묻지 마라; 당신 자신에게 당신이 그의 친구인지 물어라.

10 Find yourself a person who will be right behind you when you are in adversity.

> **리듬독해** Reading in Rhythm
>
> Find yourself a person　　　　　　당신 자신에게 한 사람을 찾아 주어라
> who will be right behind you　　　바로 당신 뒤에 있을
> when you are in adversity.　　　　당신이 역경에 처했을 때

해석 당신 자신에게 당신이 역경에 처했을 때 바로 당신 뒤에 있을 한 사람을 찾아 주어라.

Lecture 23

목적격 보어 판단법

Lecture Target

❶ 불완전 타동사 문장의 형태를 이해한다.
❷ 목적어와 목적격 보어의 관계를 이해한다.

Lecture 23 | 01 목적어와 목적격 보어의 관계

동사는 주어의 동작, 목적격 보어는 목적어와 관계가 있다.

목적어와 목적격 보어의 관계

목적격 보어 판단법
1. 목적격 뒤에 전치사, 부사가 아닌 것이 올 때
2. 목적어와 관련이 있다.
3. 사역동사, 지각동사, 명령동사 등이 해당된다.

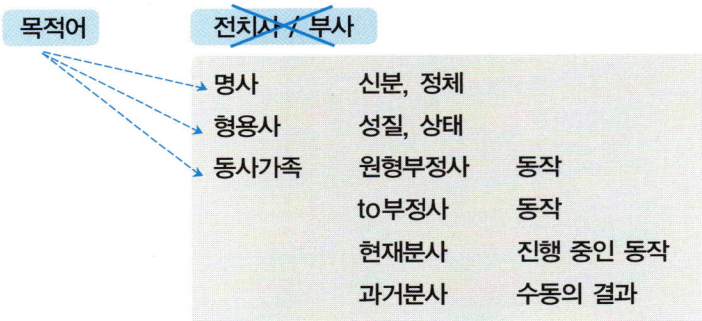

Examples

❶ Don't let time take control of your destiny; Let your destiny take control of your time.

리듬독해 Reading in Rhythm

Don't let time take	시간으로 하여금 가지지 못하게 하라
control of your destiny;	당신의 운명의 통제권을;
Let your destiny	당신의 운명으로 하여금 ~하게 하라
take control of your time.	당신의 시간의 통제권을 가지도록

어휘 control 통제력   destiny 운명

해석 시간으로 하여금 당신의 운명의 통제권을 가지지 못하게 하라; 당신의 운명으로 하여금 당신의 시간의 통제권을 가지게 하라.

❷ Love doesn't make the world go around; Love is what makes the ride worthwhile.

> **리듬독해 Reading in Rhythm**
>
> | | |
> |---|---|
> | Love doesn't make the world go around; | 사랑은 세상이 굴러 가도록 만들지는 않는다 |
> | Love is | 사랑은 ~이다 |
> | what makes the ride worthwhile. | 그 승차를 가치있게 만드는 것 |

어휘 ride 승차 worthwhile 가치있는

해석 사랑은 세상이 굴러 가도록 만들지는 않는다; 그러나 사랑은 그 승차를 가치있게 만드는 것이다.

필자주 가족의 소중함은 혼자 밥을 차려 먹어 봐야 안다. 몇 끼는 괜찮아도 얼마 안되어서 맛있다는 개념은 사라지고 그야 말로 목숨부지를 위해서 먹는다. 쓸쓸한 밥상은 늦가을 기러기 울음 소리만 들리는 황량한 들판만큼이나 처량하다. 그리고 얼마 안되어서 혼자 중얼거리는 습관도 생긴다. 아내들이여, 자녀들이여, 아빠를, 남편을 기러기로 만들지 마시라.

❸ One who think you are stronger than he will have you do something; they never make you do anything.

> **리듬독해 Reading in Rhythm**
>
> | | |
> |---|---|
> | One who think | 생각하는 사람은 |
> | // you are stronger than he | 당신이 그보다는 더 강하다라고 |
> | will have you do something; | 당신으로 하여금 무언가를 하도록 부탁할 것이다; |
> | they never make you do anything. | 그들은 결코 당신으로 하여금 어떤 것을 하도록 시키지는 않는다 |

해석 당신이 그보다는 더 강하다라고 생각하는 사람은 당신으로 하여금 무언가를 하도록 부탁할 것이다; 그들은 결코 당신으로 하여금 어떤 것을 하도록 시키지는 않는다.

필자주 强者弱, 弱者强 (강한 자에게 약하고, 약한 자에게 강하다) 이 세상에서 가장 비겁한 자들은 깡패들이다. 왜냐하면 무서워서 꼭 패거리로 몰려 다닌다.

❹ Get a cynic to have a friend more cynical than he.

> **리듬독해 Reading in Rhythm**
>
> | | |
> |---|---|
> | Get a cynic | 냉소가를 ~하도록 만들어라 |
> | to have a friend more cynical | 더 냉소적인 친구를 가지도록 |
> | than he. | 그 보다 더 |

Lecture 23 목적격 보어 판단법

어휘 cynic 냉소가   cynical 냉소적인
해석 냉소가를 그 보다 더 냉소적인 친구를 가지도록 만들어라.

❺ Help me to help you.

리듬독해 Reading in Rhythm

Help me
to help you.

나를 도와 주시오
당신을 도울 수 있도록

해석 당신을 도울 수 있도록 나를 도와 주시오.

❻ I saw an old man taking better care of his dog as his own child.

리듬독해 Reading in Rhythm

I saw an old man
taking good care of his dog
as his own child.

나는 한 노인을 보았다
그의 개를 잘 보살피는
그의 자신의 자녀처럼

해석 나는 그의 자신의 자녀처럼 그의 개를 잘 보살피는 한 노인을 보았다.

❼ Watch the person studying at the desk whom you always envy his results.

리듬독해 Reading in Rhythm

Watch the person
studying at the desk
whom you always envy his results.

그 사람을 보아라
책상에서 공부하는 중인 것을
네가 언제나 그의 점수를 부러워 하는

어휘 envy 부러워하는   result 결과, 점수
해석 네가 언제나 그의 점수를 부러워 하는 그 사람이 책상에서 공부하는 중인 것을 보아라.
필자주 공부를 잘 하는 사람은 다만 두 가지만 다르다: 좋은 방법, 그리고 지치지 않는 열정. 그러나 공부 못한 사람은 자신은 무죄인 이유가 수 백 가지도 넘는다.

❽ I heard someone curse you behind your back; however, as far as I know, you have canary's voice and he has a snake's tongue.

리듬독해 Reading in Rhythm

I heard someone curse you	나는 어떤 사람이 당신을 욕하는 것을 들었다
behind your back;	당신의 등뒤에서
however,	그러나,
as far as I know,	내가 아는 한
you have canary's voice	당신은 꾀꼬리의 목소리를 가졌고
and he has a snake's tongue.	그리고 그는 뱀의 혀를 가졌다

어휘 curse 저주, 욕 as far as 하는 한 canary 꾀꼬리 voice 목소리 snake 뱀 tongue 혀

해석 나는 어떤 사람이 당신의 등뒤에서 당신을 욕하는 것을 들었다; 그러나, 내가 아는 한, 당신은 꾀꼬리의 목소리를 가졌고 그리고 그는 뱀의 혀를 가졌다.

❾ Listen to someone talk about the weather; an optimistic one is always happy even with a stormy night, but a pessimistic one complains about a sunny day.

리듬독해 Reading in Rhythm

Listen to someone	어떤 사람이 들어 보아라
talk about the weather;	날씨에 대해 말하는 것을
an optimistic one is always happy	낙천적인 사람은 언제나 행복하다
even with a stormy night,	심지어는 폭풍이 부는 밤에도
but a pessimistic one complains	그러나 비관적인 사람은 불평한다
about a sunny day.	햇빛이 나는 날에 대해서도

어휘 weather 날씨 optimistic 낙관적인 stormy 폭풍이 부는 pessimistic 비관적인 complain 불평하다

해석 어떤 사람이 날씨에 대해 말하는 것을 들어 보아라; 낙천적인 사람은 심지어는 폭풍이 부는 밤에도 언제나 행복하다, 그러나 비관적인 사람은 햇빛이 나는 날에 대해서도 불평한다.

필자주 부정어를 사용하기를 즐기는 사람은 다른 사람들의 심리를 잘 알고 있다. 긍정을 잘하는 사람은 바보로 여겨지기 쉬우며, 부정을 잘 하는 사람은 뭔가를 더 많이 알고 있는 듯한 인상을 준다는 것을 잘 알고 있기 때문이다.

❿ Children are happy when their parents are alive; Parents feel their children happy with the volume of laughter.

리듬독해 Reading in Rhythm

Children are happy	자녀는 행복하다

when their parents are alive;	그들의 부모가 살아 계실 때
Parents feel their children happy	부모들은 그들 자녀들의 행복을 느낀다
with the volume of laughter.	웃음 소리의 크기로

어휘 alive 살아있는   volume 크기

해석 자녀는 그들의 부모가 살아 계실 때 행복하다; 부모들은 웃음 소리의 크기로 그들 자녀들의 행복을 느낀다.

필자주 수기들을 읽어 보면 아이들의 불행은 "부모님 일찍 여의고……"로 시작된다. 근본 순리는 자식이 부모를 묻어야지, 부모가 자식을 묻는 것은 역리이다. 공자님도 불효의 첫 번째를 부모보다 먼저 세상을 등지는 것이라고 했다. 효의 첫 번째는 늘 즐거운 웃음소리를 들게 해 드리는 것이다.

⓫ Nobody can notice the worst situation coming very close to him; awfully sorry, when he realize it, it is usually too late.

리듬독해 Reading in Rhythm

Nobody can notice the worst situation	어떠한 사람도 최악의 상황을 알아채지 못한다
coming very close to him;	그에게 아주 가까이 오고 있는 중인
awfully sorry,	아주 유감스럽게도,
when he realize it,	그가 그것을 깨달았을 때에
it is usually too late.	그것은 대개 너무 늦었다

어휘 situation 상황   awfully 아주   realize 깨닫다

해석 어떠한 사람도 최악의 상황이 그에게 아주 가까이 오고 있는 중인 것을 알아채지 못한다; 아주 유감스럽게도, 그가 그것을 깨달았을 때에, 그것은 대개 너무 늦었다.

⓬ You will find poor children grateful through light in their eyes, and in their eye, you are an angel from above.

리듬독해 Reading in Rhythm

You will find poor children grateful	당신은 가난한 아이들이 고마워 하는 것을 발견할 것이다
through light in their eyes,	그들의 눈빛을 통하여
and in their eye,	그리고 그들의 눈에
you are an angel from above.	당신은 하늘에서 온 천사이다

어휘 grateful 고마워 하는   angel 천사   from above 하늘에서 온

해석 당신은 가난한 아이들이 그들의 눈빛을 통하여 고마워 하는 것을 발견할 것이다. 그리고 그들의 눈에 당신은 하늘에서 온 천사이다.

필자주 감사하는 눈빛은 당신의 일을 보람되게 하고 봉사에 중독되게 한다. 아주 멋진 중독을.

13. If you observe the plants coming out through the soil in spring, you will admire the power of nature.

리듬독해 Reading in Rhythm

If you observe the plants	만약 당신이 식물들을 관찰한다면
coming out through the soil	흙을 뚫고 나오고 있는
in spring,	봄에
you will admire the power of nature.	당신은 자연의 위력에 감탄할 것이다

어휘 observe 관찰하다 plant 식물 soil 흙 admire 감탄하다

해석 만약 당신이 봄에 흙을 뚫고 나오고 있는 식물들을 관찰한다면, 당신은 자연의 위력에 감탄할 것이다.

14. I want you to be beside me whenever I have a party, but when I am in trial, don't invite me to your party.

리듬독해 Reading in Rhythm

I want you to be beside me	나는 당신이 내 곁에 있어 주기를 원한다
whenever I have a party,	내가 파티를 열 때는 언제든지
but when I am in trial,	그러나 내가 시련에 빠졌을 때
don't invite me to your party.	당신의 파티에 나를 초대해 주지는 말아라

어휘 beside 곁에 trial 시련 invite 초대하다

해석 나는 당신이 내가 파티를 열 때는 언제든지 내 곁에 있어 주기를 원한다. 그러나 내가 시련에 빠졌을 때, 당신의 파티에 나를 초대해 주지는 말아라.

필자주 나의 초라함은 다른 화려함에 비견될 때 더욱 더 초라해 진다. 파티에 절대 가고 싶지 않다.

15. They called him "Big Mike", not only because his body is big, but also because he has a big heart.

Lecture 23 목적격 보어 판단법 199

> **리듬독해 Reading in Rhythm**
>
> They called him "Big Mike", 그들은 그를 "Big Mike"라고 불렀다.
> not only because his body is big, 그의 몸집이 커서 뿐만 아니라
> but also because he has a big heart. 또한 그가 큰 마음을 가졌기 때문에

어휘 not only A but also B A뿐만 아니라 B도 역시
해석 그들은 그를 "Big Mike"라고 불렀다, 그의 몸집이 커서 뿐만 아니라, 또한 그가 큰 마음을 가졌기 때문에.
필자주 블라인드 사이드라는 영화를 한번 보기를 권한다. 눈물없이 볼 수 없고 감동없이 끝낼 수가 없는 명작이다.

16. The board of that university elected Dr. Lee the 23rd president.

> **리듬독해 Reading in Rhythm**
>
> The board of that university elected Dr. Lee 그 대학의 이사회는 Dr. Lee를 선출했다
> the 23rd president. 23대 총장으로

어휘 board 이사회   elect 선출하다   president 총장
해석 그 대학의 이사회는 23대 총장으로 Dr. Lee를 선출했다.

17. Don't believe your friends when they ask you to be honest with each other.

> **리듬독해 Reading in Rhythm**
>
> Don't believe your friends 당신의 친구들을 믿지 마라
> when they ask you 그들이 요구할 때
> to be honest with each other. 그들에게 서로 정직하자고

어휘 honest 정직한
해석 그들이 그들에게 서로 정직하자고 요구할 때 당신의 친구들을 믿지 마라.
필자주 "자, 이제 우리 서로 솔직히 털어 놓자."라고 했을 때 대부분의 경우에는 "너는 솔직하기를 바란다."라는 의미인 경우가 많다.

18. Don't try to advise your friends to change anything; no one wants to hear advice.

리듬독해 Reading in Rhythm

Don't try to advise your friends　　친구들에게 충고를 하려고 애쓰지 마라
to change anything;　　　　　　　무언가를 바꾸라고;
no one wants to hear advice.　　　아무도 충고를 듣기를 원하지는 않는다

어휘 advise 충고하다
해석 친구들에게 무언가를 바꾸라고 충고를 하려고 애쓰지 마라; 아무도 충고를 듣기를 원하지는 않는다.

19. My destiny ordered me to be the master of it, not to be a follower.

리듬독해 Reading in Rhythm

My destiny ordered me　　　　나의 운명은 나에게 명령했다
to be the master of it,　　　　그것의 주인이 되어야지
not to be a follower.　　　　　추종자가 되지 말고

어휘 destiny 운명　order 명령하다　master 주인　follower 추종자
해석 나의 운명은 나에게 그것의 주인이 되어야지 추종자가 되지 말고 명령했다.

20. I recommend you to read as many books as possible, for about 80% of your knowledge can be get through books.

리듬독해 Reading in Rhythm

I recommend you　　　　　　　　　　나는 당신에게 권유한다
to read as many books as possible,　가능한 많은 책을 읽으라고
for about 80% of your knowledge　　왜냐하면 당신 지식의 약 80%가
can be get through books.　　　　　책을 통하여 얻어 질 수 있기 때문이다

어휘 recommend 권유하다　knowledge 지식
해석 나는 당신에게 가능한 많은 책을 읽으라고 권유한다, 왜냐하면 당신 지식의 약 80%가 책을 통하여 얻어 질 수 있기 때문이다.

R·E·A·D·I·N·G · I·N · R·H·Y·T·H·M

Lecture 24

끊어 읽기

Lecture Target

❶ 긴 문장을 짧게 본다.
❷ 복잡한 문장을 간단하게 본다.
❸ 문장 구조를 한 눈에 확연히 판단한다.

Lecture 24 — 01 끊어 읽기

1. 부호마다
2. 접속사 앞에서, 절별로 두 줄(//)
3. 동사 뒤에서
4. 주어가 길면 동사 앞에서 (3단어 이상)
5. 주어, 목적어, 보어가 길면 동사 앞, 뒤로
6. 전치사 앞에서
7. 직접 목적어 앞에서
8. 목적격 보어 앞에서
9. 장소, 방법, 시간
10. 주어 앞에 부사
11. 과거분사 앞에 have, be동사가 없으면, 분사 앞에서
12. 현재분사 앞에 Be동사가 없으면, 분사 앞에서
13. 삽입과 동격은 앞, 뒤로

※ "부접동주주 전직목장주 과현 삽동"으로 암기하라. 부접동이라는 주주가 있는 데 전직은 목장주여서 과연 삽질하는 동작이 다르더라.

해설

1. 부호마다

부호는 일단 의미의 단절이므로 끊어야 한다.

2. 접속사 앞에서, 절별로 두 줄(//)

접속사가 있다는 것은 별개의 문장이라는 의미로써 두 줄로 끊는다. (큰 끊기)

3. 동사 뒤에서

영어는 일단 동사까지가 의미의 일단락이다.

4. 주어가 길면 동사 앞에서 (3단어 이상)

주어가 3단어 이상으로 이루어져 길면 동사 앞에서 끊는다.

5 주어, 목적어, 보어가 길면 동사 앞, 뒤로 (3단어 이상)

동사를 기준으로 앞과 뒤가 모두 길다면 끊는다.

6 전치사 앞에서

전치사는 우리말의 토씨이므로 전치사 + 명사의 형태로 끊는다.

7 직접 목적어 앞에서

목적어는 명사이다. 두 개를 별개의 의미로 이해하기 위해서 끊는다.

8 목적격 보어 앞에서

문법상으로 목적격 보어는 목적어와 관련이 있지만 의미상으르 보면 목적격 보어 앞에서 끊었을 때 가장 이해가 정확하고 쉽다.

9 장소, 방법, 시간

부사들이므로 한 단어가 되더라도 일단은 끊어야 한다.

10 주어 앞에 부사

주어 앞에 있는 부사는 강조이므로 일단 숨 고르기를 한다는 의미로 끊는다.

11 과거분사 앞에 have, be동사가 없으면, 분사 앞에서

have + P.P. = 완료 시제 / Be + P.P. = 수동태 그 이외에는 모두 앞에 있는 명사를 수식하는 분사구이므로 끊는다.

12 현재분사 앞에 Be동사가 없으면, 분사 앞에서

Be + ~ing = 진행 시제이다. ~ing가 동사로 쓰이는 방법은 오직 이 경우 뿐이므로 그렇지 않으면 앞에 있는 명사를 수식하는 분사구이므로 끊는다.

13 삽입과 동격은 앞, 뒤로

삽입은 어차피 부호(comma)가 있으니 당연하고, 동격의 경우에는 명사구로 되어있을 때에 끊는다.

02 끊어읽기 종류

Lecture 24

큰 끊기	절별로 크게 끊기
잔 끊기	구별로 엄격하게 끊기
묶어 읽기	의미상 묶어 읽기
리듬 독해	물이 흐르듯 영어를 우리말로 읽기

Examples

❶ Young love is a flame; very pretty, often very hot and fierce, but still only light and flickering.

리듬독해 Reading in Rhythm

Young love is a flame;	젊은이의 사랑은 불꽃이다
very pretty,	아주 예쁘고
often very hot and fierce,	종종 아주 뜨겁고 격렬한
but still only light and flickering.	그러나 다만 가볍고 불안정한

어휘 flame 불꽃   fierce 격렬한   flickering 불안정한
해석 젊은이의 사랑은 불꽃이다; 아주 예쁘고, 종종 아주 뜨겁고 격렬한, 그러나 다만 가볍고 불안정한.

❷ A coward is incapable of exhibiting love; it is the prerogative of the brave.

리듬독해 Reading in Rhythm

A coward is incapable	겁쟁이는 능력이 없다
of exhibiting love;	사랑을 드러낼
it is the prerogative	그것은 특권이다
of the brave.	용기있는 자들의

어휘 coward 겁쟁이   incapable 능력없는   exhibit 드러내다   prerogative 특권   brave 용감한
해석 겁쟁이는 사랑을 드러낼 능력이 없다; 그것은 용기있는 자들의 특권이다.

❸ Animals are such agreeable friends; they ask no questions, nor they make no criticisms.

리듬독해 Reading in Rhythm

Animals are such agreeable friends;	동물들은 아주 바람직한 친구들이다;
they ask no questions,	그들은 질문을 하지 않고
nor they make no criticisms.	또한 그들은 어떤 비평도 하지 않는다

어휘 agreeable 바람직한　criticism 비평

해석 동물들은 아주 바람직한 친구들이다; 그들은 질문을 하지 않고, 또한 그들은 어떤 비평도 하지 않는다.

❹ A pessimist sees the difficulty in every opportunity; an optimist sees the opportunity in every difficulty.

리듬독해 Reading in Rhythm

A pessimist sees the difficulty	비관주의자는 난관을 본다
in every opportunity;	모든 기회 속에서;
an optimist sees the opportunity	낙관주의자는 기회를 본다
in every difficulty.	모든 난관 속에서

어휘 pessimist 비관주의자　difficulty 난관　opportunity 기회　optimist 낙관주의자

해석 비관주의자는 모든 기회 속에서 난관을 본다; 낙관주의자는 모든 난관 속에서 기회를 본다.

필자주 낙관주의자가 비관주의자가 되기는 해도 비관주의자가 낙관주의자가 되는 일은 좀체로 없다. 그 만큼 비관주의는 난치병과 같다.

❺ Break the bones and the body will heal, break the heart and the body will die.

리듬독해 Reading in Rhythm

Break the bones	뼈를 부러뜨려라
and the body will heal,	그러면 몸이 치료될 것이다
break the heart	마음을 아프게 하라
and the body will die.	그러면 몸이 죽을 것이다

어휘 break 부러뜨리다　bone 뼈　heal 치료되다

해석 뼈를 부러뜨려라 그러면 몸이 치료될 것이다, 마음을 아프게 하라 그러면 몸이 죽을 것이다.

필자주 가장 험한 말은 가장 가까운 사람들에게서 듣게 된다: 가족, 친한 친구, 그리고 가끔은 선생님들로부터. 그래서 먼 사람이 더 나아 보인다.

❻ Analyzing humor is like dissecting a frog: Nobody enjoys it, and the frog dies as a result.

> **리듬독해 Reading in Rhythm**
>
> | | |
> |---|---|
> | Analyzing humor is | 유머를 분석하는 것은 |
> | like dissecting a frog: | 개구리를 해부하는 것과 같다 |
> | Nobody enjoys it, | 아무도 그것을 즐기지는 않는다 |
> | and the frog dies | 그리고 개구리는 죽는다 |
> | as a result. | 결과적으로 |

어휘 analyze 분석하다   humor 유머   dissect 해부하다   frog 개구리   result 결과

해석 유머를 분석하는 것은 개구리를 해부하는 것과 같다: 아무도 그것을 즐기지는 않는다 그리고 결과적으로 개구리는 죽는다.

❼ Of all sad words of tongue or pen, the saddest is this: "It might have been!"

> **리듬독해 Reading in Rhythm**
>
> | | |
> |---|---|
> | Of all sad words of tongue or pen, | 말이나 펜의 모든 슬픈 문장들 중에서 |
> | the saddest is this: | 가장 슬픈 것은 이것이다: |
> | "It might have been!" | "그럴 수도 있었다!" |

어휘 tongue 혀

해석 말이나 펜의 모든 슬픈 문장들 중에서 가장 슬픈 것은 이것이다: "그럴 수도 있었다!"

필자주 저승에는 온통 "~껄, ~껄, ~껄" 하는 사람들로 가득 찼다고 하는데, 후회할 짓을 용감하게 하는 사람들이 비겁하게 못하는 사람들보다 그 수가 훨씬 더 많기 때문이다.

❽ If fate throws a knife at you, there are two ways of catching it - by the blade or by the handle.

> **리듬독해 Reading in Rhythm**
>
> | | |
> |---|---|
> | If fate throws a knife at you, | 만약 숙명이 당신에게 칼을 던진다면 |
> | there are two ways of catching it | 그것을 잡는 두 가지 방식이 있다 |
> | - by the blade | 날 쪽으로 |
> | or by the handle. | 혹은 손잡이 쪽으로 |

어휘 fate 숙명 throw 던지다 knife 칼 catch 잡다 blade 칼날 handle 손잡이

해석 만약 숙명이 당신에게 칼을 던진다면, 그것을 잡는 두 가지 방식이 있다 — 날 쪽으로 혹은 손잡이 쪽으로.

9 Cats are smarter than dogs but you can't get eight cats to pull a sled through snow.

리듬독해 Reading in Rhythm

Cats are smarter than dogs	고양이들은 개보다 더 영리하다
but you can't get eight cats	그러나 당신은 여덟 마리의 고양이로 하여금 ~하게 만들 수는 없다
to pull a sled	썰매를 끌도록
through snow.	눈 속을 뚫고

어휘 pull 끌다 sled 썰매

해석 고양이들은 개보다 더 영리하다 그러나 당신은 여덟 마리의 고양이로 하여금 눈 속을 뚫고 썰매를 끌도록 만들 수는 없다.

필자주 실학자 반계 유형원 선생은 아내와 딸이 모란 꽃을 가져오는 것을 보고는 이렇게 충고하였다. "심으려면 도라지를 심어라, 꽃은 청초해서 보기가 좋고, 그 뿌리는 먹을 수 있다." 다행인지 한국 사람들은 애완동물로 고양이보다는 개를 선호한다. 놀아 주고, 지켜 주고, 먹을 수도(?) 있으니까.

10 Clothes make the man; Naked people have little or no influence on society.

리듬독해 Reading in Rhythm

Clothes make the man;	옷은 사람을 만든다
Naked people have little	헐벗은 사람들은 아주 적거나
or no influence	혹은 전혀 영향력을 갖지 못한다
on society.	사회에

어휘 clothes 옷 naked 헐벗은 influence 영향력 society 사회

해석 옷은 사람을 만든다; 헐벗은 사람들은 사회에 아주 적거나 혹은 전혀 영향력을 갖지 못한다.

필자주 우리 속담에 "입은 거지는 얻어 먹어도 벗은 거지는 못 얻어 먹는다." 일단 사람은 입음새는 다소 좋아야 한다. 사치는 아니라도 단정하게는 입어야 할 것 같다.

11 Don't walk in front of me, I may not follow; don't walk behind me, I may not lead; walk beside me, and just be my friend.

리듬독해 Reading in Rhythm

Don't walk in front of me,　　　내 앞에서 걷지 마라
I may not follow;　　　　　　　나는 따라가지 않을지도 모른다
don't walk behind me,　　　　　내 뒤에서 걷지 마라
I may not lead;　　　　　　　　나는 인도하지 못할 지 모른다
walk beside me,　　　　　　　　내 곁에서 걸어라
and just be my friend.　　　　　그리고 내 친구만 되어 주어라

어휘 follow 따르다　behind 뒤에　lead 인도하다　beside 곁에

해석 내 앞에서 걷지 마라, 나는 따라가지 않을지도 모른다; 내 뒤에서 걷지 마라, 나는 인도하지 못할 지 모른다; 내 곁에서 걸어라, 그리고 내 친구만 되어 주어라.

필자주 아내란 남자들에게 무엇인가?
20대 : 애인
30대 : 아내
40대 : 아이들 엄마
50대 : 친구
60대 : 룸메이트
70대 : 간호사

12 Every accomplishment, great or small, starts with the right decision, "I'll try."

리듬독해 Reading in Rhythm

Every accomplishment,　　　　　모든 위업
great or small,　　　　　　　　작거나 크거나
starts with the right decision,　올바른 결정으로 시작된다
"I'll try."　　　　　　　　　　　"나는 해보겠다."

어휘 accomplishment 위업　decision 결정

해석 모든 위업은, 작거나 크거나, "나는 해보겠다." 라는 올바른 결정으로 시작된다.

필자주 시작이 반이 아니라 좋은 시작이 반이다. 그리고 한 우물을 파지 말고 가능한 한 많은 우물을 파기를 권고한다. 하나만 팠다가 물이 안 나오면 어쩌겠는가? 따발총 쏘다 보면 맞는 것도 있기 마련이다.

13 Get a good idea and stay with it; dog it, and work at it until it's done right.

리듬독해 Reading in Rhythm

Get a good idea	좋은 생각을 떠올려라
and stay with it;	그리고 그것과 함께 하라
dog it,	그것을 집요하게 쫓아가라
and work at it	그리고 그 일을 하라
until it's done right.	그것이 옳게 되어 질 때까지

해석 좋은 생각을 떠올려라 그리고 그것과 함께 하라, 그것을 집요하게 쫓아가라, 그리고 그것이 옳게 되어 질 때까지 그 일을 하라.

필자주 인생은 짧고, 성공은 아득하고, 갈 길은 먼데, 서산에 해는 떨어지고, 몸은 곤하나, 잠은 오지 않고........ 책은 드려다 보나, 머리에 들어 오는 것은 없고...... 이럴 때 Celavi(인생은 다 그런 것)라고 하는 것이다.

14. Good judgment comes from experience and experience comes from bad judgment.

리듬독해 Reading in Rhythm

Good judgment comes	훌륭한 판단은 온다
from experience	경험으로부터
and experience comes	그리고 경험은 온다
from bad judgment.	나쁜 판단으로부터

어휘 judgment 판단   experience 경험

해석 훌륭한 판단은 경험으로부터 온다 그리고 경험은 나쁜 판단으로부터 온다.

필자주 훌륭한 판단 앞에는 쓰디 쓴 실패가 있었다. 다만 나를 쓰러뜨리거나 좌절시킬 정도의 크기는 아니었지만. 이렇게 말해 주어도 누구나 길을 걷는다.

15. Hospital is a place where they wake you up to give you a sleeping pill.

리듬독해 Reading in Rhythm

Hospital is a place	병원은 장소이다
where they wake you up	그들이 당신을 깨우는
to give you	당신에게 주기 위해서
a sleeping pill.	수면제를

어휘	**wake up** 깨우다　**sleeping pill** 수면제
해석	병원은 그들이 수면제를 당신에게 주기 위해서 당신을 깨우는 장소이다.
필자주	의사들은 위대하다, 그리고 존경을 받아야 마땅하다. 우리 눈에 평상시에는 수입이 좋은 직업을 가진 사람으로 보이지만, 한 번 아파서 병원에 가면 그들이 하나님과 인간 사이에 있는 엄청난 사람들이라는 것을 금방 깨닫는다. 진단서를 가지고 설명을 듣기 직전 긴장되는 순간은 돌격 직전에 병사의 심정과 같다. 그들의 말에 내 생명이 달려 있다.

16 This freedom of choice, however, does not give us the right to turn the volume of our set so loud that we disturb the neighbors.

리듬독해 Reading in Rhythm

This freedom of choice,	이러한 자유의 선택은
however,	그러나,
does not give us the right	권리를 우리에게 주지는 않는다
to turn the volume of our set	우리의 음향기의 볼륨을 틀
so loud	아주 크게
that we disturb the neighbors.	그래서 우리가 이웃을 방해하는

| 어휘 | **choice** 선택　**set** 전자기기 세트　**disturb** 방해하다　**neighbor** 동네 사람 |
| 해석 | 이러한 자유의 선택은, 그러나, 우리의 음향기의 볼륨을 아주 크게 틀어서 우리가 이웃을 방해하는 권리를 우리에게 주지는 않는다. |

17 There is one all important law of human conduct; if we obey the law, it will bring us countless friends and constant happiness.

리듬독해 Reading in Rhythm

There is one all important law	아주 중요한 한가지 법칙이 있다
of human conduct;	인간의 행동에 관하여
if we obey the law,	만약 우리가 그 법칙에 순종한다면
it will bring us	그것은 우리에게 가져올 것이다
countless friends	셀 수 없는 친구들
and constant happiness.	그리고 끝없는 행복을

| 어휘 | **law** 법칙　**conduct** 행동　**obey** 순종하다　**countless** 셀 수 없는　**constant** 지속적인 |
| 해석 | 인간의 행동에 관하여 아주 중요한 한가지 법칙이 있다; 만약 우리가 그 법칙에 순종한다면, 그것은 셀 수 없는 친구들과 그리고 끝없는 행복을 우리에게 가져올 것이다. |

18. Before marriage, he lies awake thinking about what you said; after marriage, he dozes off while you're saying it.

> **리듬독해 Reading in Rhythm**
>
> | | |
> |---|---|
> | Before marriage, | 결혼 전에 |
> | he lies awake thinking | 그는 생각하며 잠이 깨어 누워 있다 |
> | about what you said; | 당신이 말한 것에 대해서 |
> | after marriage, | 결혼 후에 |
> | he dozes off | 그는 존다 |
> | while you're saying it. | 당신이 그것을 말하는 동안에 |

어휘 awake 잠깨어

해석 결혼 전에, 그는 당신이 말한 것에 대해서 생각하며 잠이 깨어 누워 있다; 결혼 후에, 그는 당신이 그것을 말하는 동안에 존다.

필자주 결혼 전 : 당신 없이는 못살아 (이건 유행가도 있다.)
결혼 후 : 당신 때문에 못살아 (이런 유행가는 아직 없는 걸 보니 아직 살만하다.)

19. With most men the knowledge that they must ultimately die doesn't weaken the pleasure in being alive at present.

> **리듬독해 Reading in Rhythm**
>
> | | |
> |---|---|
> | With most men | 대부분의 사람들에게 있어서 |
> | the knowledge that they must ultimately die | 우리가 궁극적으로 죽어야 한다는 사실은 |
> | doesn't weaken the pleasure | 즐거움을 약화시키지는 않는다 |
> | in being alive | 살아있다는 |
> | at present. | 현재에 |

어휘 ultimately 궁극적으로　weaken 약화시키다　pleasure 즐거움　present 현재

해석 대부분의 사람들에게 있어서 우리가 궁극적으로 죽어야 한다는 사실은 현재에 살아 있다는 즐거움을 약화시키지는 않는다.

필자주 "시인과 여자는 늙지 않는다." 이 말은 두 가지로 해석된다. 하나는 언제나 젊은 기분으로 즐겁게 산다는 것이고, 또 하나는 도대체 철이 들지 않는다는 것이다. 철분이 부족하니 여자들이 남자들 보다는 빈혈 증세가 더 많은 이유가 명확하게 설명된다.

20 Courage means a strong desire taking the form of readiness to succeed.

> **리듬독해 Reading in Rhythm**
> Courage means a strong desire   용기는 강한 욕망을 의미한다
> taking the form of readiness   준비의 형태를 갖추고 있는
> to succeed.   성공을 향한

어휘 courage 용기 mean 의미하다 desire 욕망 form 형태 readiness 준비 succeed 성공하다
해석 용기는 성공을 향한 준비의 형태를 갖추고 있는 강한 욕망을 의미한다.
필자주 새로운 결심을 하게 되는 계기는 새해, 새학년, 새학기 등등이다. 그리고 저자는 작심 3일의 원칙을 지켜 3일에 한 번 새로운 결심을 한다. 새해까지 기다리기에는 너무 멀다.

21 Gravitation cannot be held responsible for people falling in love.

> **리듬독해 Reading in Rhythm**
> Gravitation cannot be held responsible   중력이 책임을 질 수는 없다
> for people   사람들이
> falling in love.   사랑에 빠지는 것에 대해서

어휘 gravitation 중력 responsible 책임이 있는 hold responsible 책임을 지다 fall in love 사랑에 빠지다
해석 중력이 사람들이 사랑에 빠지는 것에 대해서 책임을 질 수는 없다.
필자주 사람도 중력이 있다. 그것의 이름은 매력이다. 그 중에서도 성격적 매력이 최고이다.

22 History is a selective interpretation of events designed to justify those currently in power.

> **리듬독해 Reading in Rhythm**
> History is   역사는 ~이다
> a selective interpretation of events   모든 사건들에 대한 선택적 해석
> designed to justify those   그러한 사람들을 정당화하기 위해 고안된
> currently in power.   현재 권력을 쥐고 있는

어휘 selective 선택적인 interpretation 해석 event 사건 design 고안하다 justify 정당화하다 currently 현재에
해석 역사는 현재 권력을 쥐고 있는 그러한 사람들을 정당화하기 위해 고안된 모든 사건들에 대한 선택적 해석이다.

R·E·A·D·I·N·G·I·N·R·H·Y·T·H·M

23 There have been more people killed by champagne corks than by deadly weapons.

리듬독해 Reading in Rhythm

There have been more people	지금까지 더 많은 사람들이 있었다
killed by champagne corks	샴페인 코르크에 의해서 죽은
than by deadly weapons.	치명적인 무기들에 의해서 보다

어휘 champagne 샴페인 cork 코르크 deadly 치명적인 weapon 무기

해석 치명적인 무기들에 의해서 보다 샴페인 코르크에 의해서 죽은 지금까지 더 많은 사람들이 있었다.

필자주 이건 서양 이야기이고 우리 이야기는 이렇다. "물에 빠져 죽은 사람보다 술에 빠져 죽은 사람이 더 많다." "화재에서 질식사 한 사람들 보다 담배 연기에 질식사 한 사람들이 더 많다."

24 Try to ask the questions of them, locked rooms and books written in a foreign language.

리듬독해 Reading in Rhythm

Try to ask the questions of them,	그것들에게 질문을 하려고 애써라,
locked rooms	잠긴 방들
and books	그리고 책들
written in a foreign language.	외국어로 쓰여진

어휘 lock 잠그다 foreign 외국의 language 언어

해석 그것들에게, 잠긴 방들에게, 그리고 외국어로 쓰여 진 책들에게 질문을 하려고 애써라.

25 They will come with minds complaining of many things, and then with your art of speaking, they will go back with the hearts satisfied with belief.

리듬독해 Reading in Rhythm

They will come	그들은 올 것이다
with minds	마음을 가지고
complaining of many things,	많은 것들을 불평하는
and then with your art of speaking,	그리고 나서 당신의 화술로
they will go back	그들은 돌아갈 것이다

with the hearts satisfied with belief.	마음을 가지고 믿음으로 만족한

어휘 complain 불평하다 satisfied 만족한 belief 믿음

해석 그들은 많은 것들을 불평하는 마음을 가지고 올 것이다, 그리고 나서 당신의 화술로 그들은 믿음으로 만족한 마음을 가지고 돌아갈 것이다.

필자주 뛰어난 화술은 닭을 봉으로 보이도록 할 수 있고, 뱀을 용으로 보이게 할 수도 있다. 그러나 가장 뛰어난 화술은 거절 당하고도 만족하게 만드는 것이다. 오 헨리는 그의 첫 작품을 15번 이상 거절당했다. 그런데 한 출판사에서만은 아주 호의적이었는 데, 그에 의하면 다른 데에서 채택되는 것보다 거기에서 거절당할 때가 더 자기 중요성을 깨닫게 되었단 다.

Lecture 25
단문 해석 공식

Lecture Target

① 단문의 형태를 정확하게 판단한다.
② 중문, 복문, 혼문의 해석을 준비한다.
③ 정확하게 직역한다.

Lecture 25 · 01 해석의 기본 원칙

1. 구성 요소 판단에 충실해야 한다.
2. 끊어읽기에 충실해야 한다.
3. 주어에서 시작해서 동사에서 끝낸다.

Lecture 25 · 02 단문의 형태

1. 주어 + 동사 + ...매(구)
2. 부사 + 주어 + 동사 + ...매(구)
3. 주어 + 동사 + 목적어 + 보어 + ...매(구)

매(구) : 마지막 단어 혹은 구

이 세상에 존재하는 모든 영어 문장 중에 단문은 이 3개의 공식을 가지고 해석방향의 원칙을 겸하여 적용만 하면 모두 완벽하게 해석된다.

Lecture 25 · 03 단문 해석 공식

단문 해석 1공식

주어에서 맨 뒤로, 역순으로 돌아와서 동사에서 끝

주어 + 동사 + ...매(구)
　1　　　끝 ←------ 2

단문 해석 2공식

주어 앞에 있는 것은 주어 보다 먼저

부사 + 주어 + 동사 + ...매(구)
  E   1   끝 ←----- 2

단문 해석 3공식

목적격 보어가 있으면 목적어를 2번으로

주어 + 동사 + 목적어 + 보어 + ...매(구)
 1   끝   2   ←----- 3

Examples

❶ A groundless rumor often covers a lot of ground.

리듬독해 Reading in Rhythm

| A groundless rumor often covers a lot of ground. | 근거가 없는 소문은 종종 뒤덮는다 많은 땅을 |

어휘 groundless 근거가 없는 rumor 소문 cover 덮는다

해석 근거가 없는 소문은 많은 땅을 종종 뒤덮는다.

❷ A positive mind has extra solving power under any darkness!

리듬독해 Reading in Rhythm

| A positive mind has extra solving power under any darkness! | 긍정적인 마음은 가진다 별도의 해결능력을 어떠한 어두움 하에서도 |

어휘 positive 긍정적인 extra 별도의 solving 해결하는 darkness 어두움

해석 긍정적인 마음은 어떠한 어두움 하에서도 별도의 해결능력을 가진다.

❸ A word of encouragement during failure is worth more than a whole book of praises after a success.

Lecture 25 단문 해석공식 **219**

> **리듬독해 Reading in Rhythm**
>
> A word of encouragement during failure   실패하고 있는 동안에 한 마디의 격려는
> is worth more   더 가치가 있다
> than a whole book of praises   칭찬으로 가득한 한 권의 책보다 더
> after a success.   성공한 후에

어휘 encouragement 격려   during 동안에   failure 실패   worth 가치있는   whole 전체의   praise 칭찬
해석 실패하고 있는 동안에 한 마디의 격려는 성공한 후에 칭찬으로 가득한 한 권의 책보다 더 가치가 있다.
필자주 역경 속에서 격려하는 친구는 희망의 별과 같으며, 구름 사이로 비치는 햇살과 같다.

❹ Even a shortest pencil is more reliable than the longest memory.

> **리듬독해 Reading in Rhythm**
>
> Even a shortest pencil   가장 짧은 연필조차
> is more reliable   더 믿음직하다
> than the longest memory.   가장 긴 기억력보다 더

어휘 reliable 믿음직한   memory 기억력
해석 가장 짧은 연필조차 가장 긴 기억력보다 더 믿음직하다.
필자주 성공한 사람들의 공통적인 점들 중에 하나는 훌륭한 필기 습관을 가지고 있다는 것이다. 세계의 대통령 반기문 유엔 사무총장의 필기는 유명하다.

❺ All great deeds and all great thoughts have a ridiculous beginning.

> **리듬독해 Reading in Rhythm**
>
> All great deeds   모든 위대한 행동들
> and all great thoughts   그리고 모든 위대한 생각들
> have a ridiculous beginning.   우스운 시작을 가지고 있다

어휘 deed 행위   ridiculous 우스운
해석 모든 커다란 행위들과 모든 위대한 생각들은 우스운 시작을 가지고 있다.
필자주 벨이 전화기를 발명하고자 했던 이유는 천국에 있는 그의 형과 직접 통화하고자 했던 간절한 마음에서 시작되었다.

R·E·A·D·I·N·G·I·N·R·H·Y·T·H·M

❻ Anything worth having in life is worth working for.

> **리듬독해 Reading in Rhythm**
>
> | Anything worth having in life | 인생에서 가질 만한 가치가 있는 어떤 것도 |
> | is worth working for. | 일을 해볼 가치가 있다 |

해석 인생에서 가질 만한 가치가 있는 어떤 것도 일을 해볼 가치가 있다.

❼ Big ideas are so hard to recognize, so fragile, so easy to kill.

> **리듬독해 Reading in Rhythm**
>
> | Big ideas are | 큰 생각들은 ~하다 |
> | so hard to recognize, | 알아보기가 너무 어렵고 |
> | so fragile, | 깨어지기가 쉽고 |
> | so easy to kill. | 죽이기가 쉬운 |

어휘 recognize 알아보다   fragile 깨지기 쉬운
해석 큰 생각들은 알아보기가 너무 어렵고, 깨어지기가 쉽고, 죽이기가 쉽다.
필자주 친구를 잃는 가장 쉬운 방법은 그의 큰 생각을 단 한마디로 무시하는 것이다. 그의 새로운 생각을 다시는 들을 수 없을 것이다. "그게 말이 되냐?"라는 끔찍한 무시하는 말은 당신을 향한 마음의 문을 닫을 것이다.

❽ Cupid's arrows rarely strike two people with the same definition of love.

> **리듬독해 Reading in Rhythm**
>
> | Cupid's arrows rarely strike two people | 큐피드의 화살들은 두 사람을 거의 맞추지 못한다 |
> | with the same definition of love. | 같은 사랑의 정의로 |

어휘 arrow 화살   rarely 거의 못하는   strike 맞추다   definition 정의
해석 큐피드의 화살들은 같은 사랑의 정의로 두 사람을 거의 맞추지 못한다.
필자주 받고 싶은 사랑과 주고 싶은 사랑 사이의 갈등이다. 기쁨의 기준을 어디에 두느냐이다.

❾ Excuses are the easiest things to produce and the hardest things to sell.

리듬독해 Reading in Rhythm

Excuses are
the easiest things to produce
and the hardest things to sell.

변명들은 ~이다
만들어 내기에 가장 쉬운 것을
그리고 팔기에 가장 어려운 것들

어휘 excuse 변명 produce 만들어 내다 sell 팔다
해석 변명들은 만들어 내기에는 쉬운 것들이며, 그리고 팔기에는 가장 어려운 것들이다.
필자주 excuse는 변명이라는 뜻과 용서하다라는 뜻을 가지고 있다. 즉 변명은 누구나 하기 때문에 나중에 나도 용서 받으려면 용서해 주어야 마땅하다.

10 Gambling is the sure way of getting nothing with something.

리듬독해 Reading in Rhythm

Gambling is the sure way
of getting nothing
with something.

도박은 확실한 방법이다
아무것도 얻지 못하는
무엇인가를 가지고

어휘 gambling 도박 sure 확실한
해석 도박은 무엇인가를 가지고 아무것도 얻지 못하는 확실한 방법이다.
필자주 한 사람이 도박으로 한 달 만에 백만장자가 되었다. 그런데 그는 한 달 전에는 억만장자이었다.

Lecture 25

04 단문 해석 2 공식

단문 해석 2공식

주어 앞에 있는 것은 주어보다 먼저
부사 + 주어 + 동사 + ...마(구)
E   1   끝 ←----- 2

주어 앞에 오는 부사 형태

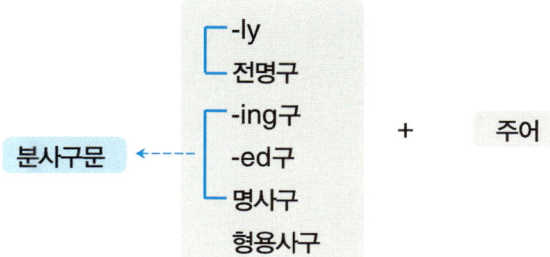

Examples

❶ In any market, a smile can sell more than a hundred groans.

리듬독해 Reading in Rhythm	
In any market,	어떠한 시장에서도
a smile can sell more	한 줄기 미소는 더 많이 팔 수 있다
than a hundred groans.	백 번의 으르렁거림보다 더

어휘 groan 으르렁거림
해석 어떠한 시장에서도 한 줄기 미소는 백 번의 으르렁거림보다 더 많이 팔 수 있다.
필자주 판매원의 친절한 태도와 상냥한 미소는 당신의 지갑을 향한 것이다.

❷ For climbing the ladder of success, enthusiasm is the propelling force necessary.

리듬독해 Reading in Rhythm	
For climbing the ladder of success,	성공의 사다리를 올라가기 위해서
enthusiasm is the propelling force necessary.	열정은 필요한 추진력이다

어휘 climb 올라가다 ladder 사다리 enthusiasm 열정 propel 추진하다 force 힘 propelling power 추진력 necessary 필요한
해석 성공의 사다리를 올라가기 위해서, 열정은 필요한 추진력이다.
필자주 아침에는 행진곡을 듣기를 권한다. 당신은 전투를 하러 나가고 있는 중이다.

❸ Only on different subjects, everybody is ignorant.

> **리듬독해 Reading in Rhythm**
>
> Only on different subjects,   다만 다양한 주제에 있어서는
> everybody is ignorant.   모든 사람이 무식하다

어휘 subject 주제 ignorant 무식한
해석 다만 다양한 주제에 있어서는, 모든 사람이 무식하다.
필자주 공자도 농사일은 모른다고 했다. 초보 운전자에게 다른 운전자들은 존경의 대상이다.

❹ Not only in the shade, but also in the sunshine of life, friendship is precious.

> **리듬독해 Reading in Rhythm**
>
> Not only in the shade,   그늘에서 뿐만 아니라
> but also in the sunshine of life,   인생의 양지에서도
> friendship is precious.   우정은 소중하다

어휘 shade 그늘 precious 소중한
해석 그늘에서 뿐만 아니라, 인생의 양지에서도, 우정은 소중하다.
필자주 두 종류의 파트너가 있다. 역경은 같이 하나 열매를 같이 즐기지 못할 파트너와, 역경은 같이 못하나, 열매는 같이 즐길 파트너. 누가 더 좋은 가는 따질 것도 없다. 우리가 필요한 것은 역경과 열매를 같이 즐길 파트너가 필요하다.

❺ Carrying hope in your heart, your eyes see bright sides, even in the dark shades.

> **리듬독해 Reading in Rhythm**
>
> Carrying hope in your heart,   당신의 마음속에 희망을 가지고 다닌다면
> your eyes see bright sides,   당신의 두 눈은 밝은 면들을 보게 된다
> even in the dark shades.   심지어는 어두운 그늘 속에서 조차도

어휘 bright 밝은
해석 당신의 마음속에 희망을 가지고 다닌다면, 당신의 두 눈은 밝은 면들을 보게 된다, 심지어는 어두운 그늘 속에서 조차도.

❻ Waiting for my friend, I could finish a thick Shakespeare in a week.

리듬독해 Reading in Rhythm

Waiting for my friends,	나의 친구들을 기다리며
I could finish a thick Shakespeare	나는 두꺼운 셰익스피어 한 권을 끝낼 수 있었다
in a week.	일 주일 안에

어휘 finish 끝내다 thick 두꺼운 Shakespeare 셰익스피어 작품

해석 나의 친구들을 기다리며, 나는 일 주일 안에 두꺼운 셰익스피어 한 권을 끝낼 수 있었다.

필자주 약속시간에 늦게 오는 친구를 원망하지 마라. 대신, 기다리는 동안에 읽을 책을 지니고 다녀라. 틀림없이 식사 비용은 미안해 죽겠는 친구가 낼 것이다.

❼ Generally speaking, living in a big house needs more time only to clean it.

리듬독해 Reading in Rhythm

Generally speaking,	일반적으로 말해서
living in a big house	큰 집에서 사는 것은
needs more time	더 많은 시간을 필요로 한다
only to clean it.	그것을 청소하는 데에만

어휘 generally 일반적으로 need 필요하다 clean 청소

해석 일반적으로 말해서, 큰 집에서 사는 것은 그것을 청소하는 데에만 더 많은 시간을 필요로 한다.

필자주 "한 평 3홉"의 철학이 있다. 사람이 눕는 데 한 평이면 족하고, 하루 식사는 3홉을 넘지 않는데, 두 식구 살면서 50평 아파트를 가지고 있으면 청소하는 데 골병이 들며, 허리 아프게 청소해도 표가 잘 나지 않는다. 그래서 늘 지저분하기 쉽다.

❽ Loved so much when young, she knows how and how much to love others.

리듬독해 Reading in Rhythm

Loved so much when young,	어렸을 때 아주 사랑을 많이 받아서
she knows how	그녀는 방법을 알고 있다
and how much to love others.	그리고 얼마나 많이 다른 사람들을 사랑해야 하는 지를

어휘 others 다른 사람들

해석 어렸을 때 아주 사랑을 많이 받아서, 그녀는 어떻게 그리고 얼마나 많이 다른 사람들을 사랑해야 하는 지를 알고 있다.

필자주 사랑을 받아 본 사람이 베풀기가 쉽고, 미움을 받아 본 사람은 그 미움의 페해를 잘 알기때문에 미움을 미워한다.

9 Having been laughed at too often and too much, praising others became hardest for him.

> **리듬독해 Reading in Rhythm**
>
> | Having been laughed at | 비웃음을 많이 받았기 때문에 |
> | too often and too much, | 너무 종종 그리고 너무 많이 |
> | praising others became | 다른 사람들을 칭찬하는 것은 ~되었다 |
> | hardest for him. | 그에게는 가장 어려운 |

어휘 praising 칭찬하는 것
해석 너무 종종 그리고 너무 많이 비웃음을 많이 받았기 때문에, 다른 사람들을 칭찬하는 것은 그에게는 가장 어렵게 되었다.

10 More and more, when faced with the world of men, the only reaction is individualism.

> **리듬독해 Reading in Rhythm**
>
> | More and more, | 점점 더, |
> | when faced with the world of men, | 인간 세상을 마주칠 때 |
> | the only reaction is individualism. | 유일한 반응들은 개인주의이다 |

어휘 face 마주치다 reaction 반응 individualism 개인주의
해석 점점 더, 인간 세상을 마주칠 때, 유일한 반응들은 개인주의이다.
필자주 한 극단 개인주의자였던 학자가 말하길, "내 터럭 하나를 뽑아서 천하가 이롭다 할지라도, 나는 거절한다."라고 했다. 다행인 것은 그는 유명하지도 않았고, 더 다행인 것은 그가 이 세상에 더 이상 존재하지 않는다는 것이다.

05 단문 해석 3 공식

Lecture 25

단문 해석 3공식

> 목적격 보어가 있으면 목어를 2번으로
>
> 주어 + 동사 + 목적어 + 보어 ...매(구)
> 1   끝   2   ←------ 3

Examples

1. My father let me have my own way of thinking.

리듬독해 Reading in Rhythm

| My father let me | 나의 아버지는 내가 ~하도록 해주셨다 |
| have my own way of thinking. | 내 자신만의 사고 방식을 가지도록 |

어휘 way of thinking 사고방식

해석 나의 아버지는 내가 내 자신만의 사고 방식을 가지도록 해주셨다.

필자주 그래도 아들은 아버지를 닮아 간다. 안 믿어지면 둘이 걸어가는 모습을 뒤에서 보라. 걸음걸이 조차 똑같다.

2. Let wealth be regarded by some society of the future as a mere means to proper ends of human life.

리듬독해 Reading in Rhythm

Let wealth be regarded	부를 여겨 지도록 합시다
by some society of the future	미래의 어떤 사회에 의해서
as a mere means	단순한 수단으로써
to proper ends of human life.	인간 삶의 적절한 끝맺음에 대한

어휘 wealth 부(富) regard 여기다 society 사회 mere 단순한 means 수단 proper 적절한 end 끝맺음

해석 부를 미래의 어떤 사회에 의해서 인간 삶의 적절한 끝맺음에 대한 단순한 수단으로써 여겨 지도록 합시다.

3. To keep many friends around you, you should always make other persons feel important.

> **리듬독해 Reading in Rhythm**
>
> To keep many friends around you,   많은 친구들을 주변에 두기 위해서
> you should always make other persons   당신은 언제나 다른 사람들을 만드는 것이 좋다
> feel important.   중요하다고 느끼도록

해석 많은 친구들을 주변에 두기 위해서, 당신은 언제나 다른 사람들을 중요하다고 느끼도록 만드는 것이 좋다.

필자주 훌륭한 사람은 나를 존중해 주는 사람이다. 그의 말은 언제나 귀를 즐겁게 해주고 마음을 뿌듯하게 만들어 준다. 아부를 싫어하는 사람은 없다, 다만 그 방법이 싫을 뿐이다.

❹ May God help me to keep my big mouth shut and to have longer ears!

> **리듬독해 Reading in Rhythm**
>
> May God help me   하나님이 내가 ~하도록 도우시기를
> to keep my big mouth shut   나의 수다스러운 입은 닫치게
> and to have longer ears!   그리고 긴 귀를 가지도록

어휘 big mouth 수다스러운 입   shut 닫힌   long ear 남의 말을 잘 들어주는 귀

해석 하나님이 내가 나의 수다스러운 입은 닫치게 그리고 긴 귀를 가지도록 도우시기를 바랍니다!

❺ On the hill of our village, we used to watch the sky turning to wine color.

> **리듬독해 Reading in Rhythm**
>
> On the hill of our village,   우리 마을 뒷동산에서
> we used to watch the sky   우리는 하늘을 바라보곤 했다
> turning to wine color.   와인 빛으로 바뀌는 것을

어휘 hill 동산   village 마을   turn 바뀌다

해석 우리 마을 뒷동산에서, 우리는 하늘이 와인 빛으로 바뀌는 것을 바라보곤 했다.

필자주 시골 태생의 많은 사람들이 고향을 자랑하고 그리워 하지만 돌아가서 살기는 망설인다. 고향은 성공한 자신의 모습을 자랑하는 데에는 아주 유용하다.

R·E·A·D·I·N·G·I·N·R·H·Y·T·H·M

❻ I sometimes feel myself living in a foreign country, while hearing youngsters.

> **리듬독해 Reading in Rhythm**
>
> | I sometimes feel myself | 나는 때때로 내 자신을 느낀다 |
> | living in a foreign country, | 외국에서 살고 있다라고 |
> | while hearing youngsters. | 젊은이들이 말하는 것을 듣는 동안에 |

어휘 youngster 젊은이

해석 나는 때때로 내 자신이 젊은이들이 말하는 것을 듣는 동안에 외국에서 살고 있다라고 느낀다.

필자주 요즘 젊은이들 노래는 내용을 알아 들을 수가 없고, 문자 대화는 화성어 같다. 어른들에게 그것은 2차 세계대전에서 사용된 나바호 암호 같다.

❼ We cannot ask a foal to take a heavy burden like a horse.

> **리듬독해 Reading in Rhythm**
>
> | We cannot ask a foal | 우리는 망아지에게 요구할 수는 없다 |
> | to take a heavy burden | 무거운 멍에를 지라고 |
> | like a horse. | 말처럼 |

어휘 foal 망아지   burden 멍에

해석 우리는 망아지에게 말처럼 무거운 멍에를 지라고 요구할 수는 없다.

필자주 망아지에게 어미 말의 짐을 싣지는 않지만, 아이들에게 어른들의 지식을 강요하는 일은 비일비재하다. "주니어 토익, 주니어 토플, 초등 토익" 등등 기가 막힌다. 중학생이 대학생 시험을 보고 60점 맞는 것보다, 자기 수준에서 100점 맞는 것이 더 자연스럽지 않을까?

❽ I wish you to be wiser than yesterday, less wise than tomorrow.

> **리듬독해 Reading in Rhythm**
>
> | I wish you | 나는 당신이 ~하기를 바란다 |
> | to be wiser than yesterday, | 어제보다는 더 현명하고 |
> | less wise than tomorrow. | 내일 보다는 덜 현명하기를 |

해석 나는 당신이 어제보다는 더 현명하고, 내일 보다는 덜 현명하기를 바란다.

Lecture 25 단문 해석공식 **229**

9 I want you to meet a few wrong people in a small business before meeting the right one.

> **리듬독해 Reading in Rhythm**
> I want you
> to meet a few wrong people
> in a small business
> before meeting the right one.
>
> 나는 당신이 ~하기를 원한다
> 적은 수의 잘못된 사람들을 만나기를
> 작은 사업에서
> 올바른 사람을 만나기 전에

해석 나는 당신이 올바른 사람을 만나기 전에 작은 사업에서 적은 수의 잘못된 사람들을 만나기를 원한다.

필자주 경험은 작은 실패로 얻어야 한다. 본 시험에서 좋은 결과를 얻기 위해서, 모의고사에서 많은 실수를 통하여 결점을 보강하는 것이 현명하지 않을까? 그러므로 모의고사 성적에 일희일비하지 말자.

10 You can expect your horse to obey your whisper easier than your shout.

> **리듬독해 Reading in Rhythm**
> You can expect your horse
> to obey your whisper easier
> than your shout.
>
> 당신은 당신의 말이 ~하리라고 기대할 수 있다
> 당신의 속삭임에 더 쉽게 순종하리라고
> 당신의 고함 소리보다

어휘 expect 기대하다 obey 순종하다 whisper 속삭임 shout 고함

해석 당신은 당신의 말이 당신의 고함 소리보다 당신의 속삭임에 더 쉽게 순종하리라고 기대할 수 있다.

필자주 어떤 접속사가 양보냐 아니면 가정이냐 혹은 다른 것이냐 하는 것은 학자들이 논할 것이고 우리 배우는 입장에서는 그 접속사가 무슨 뜻이냐 만을 알면 된다. 저자는 선생님 여러분이 이런 일을 가지고 학문적 논쟁을 벌이다가 (여기까지는 아름다웠음) 서로 비하하며 싸우는 것을 본 적도 있다. 이럴 필요까지는 없고 다만 가정법은 시제 문제가 우리말로는 애매하니까 조심하면 된다.

Lecture 26
절의 해석 공식

Lecture Target

① 절의 형태를 정확하게 판단한다.
② 중문, 복문, 혼문을 대비한다.
③ 절별 리듬 독해를 준비한다.

Lecture 26 — 01 절의 해석 공식

❶ 단문 앞에 접속사가 온 것이다.

　　　접 + 단문

❷ 주절, 등위절, 종속절이 있다.

절의 종류

주절	접속사가 없는 절
등위절	등위접속사가 있는 절 and, or, but, so, for, while
종속절	종속접속사가 있는 절 나머지 30개

종속절의 품사

명사절	1. that, what, if, whether 2. 선행사가 없는 관계사절
형용사절	관계사절 (wh-)절
부사절	나머지 30개

절의 형태 비교

1		접속사	주어 + 동사 + ...매(구)
2	선행사	관계사	주어 + 동사 + ...매(구)
3	선행사	관계사	동사 + ...매(구)
4		관계사	주어 + 동사 + ...매(구)

해석 비교

I lived in New York.	나는 뉴욕에서 살았다.
and I lived in New York	그리고 나는 뉴욕에서 살았다
when I lived in New York	내가 뉴욕에서 살았던 때
the days when I lived in New York	내가 뉴욕에서 살았던 시절

해설 선행사가 없으면 일반 부사절 접속사이고, 선행사가 있으면 관계부사로서 형용사절이 된다.

02 접속사 표

등위접속사

and	그리고
or	아니면, 혹은
but	그러나
so	그래서
for	왜냐하면
while	반면에
whereas	반면에

접속 부사

부사가 마치 접속사처럼 사용된다.

still	그러나
yet	그러나

명사절 접속사

that	~것
what	~것
if	~인지 아닌지
whether	"선행사 없는 관계사"

형용사절 접속사

형용사절 = 관계사절

when	~ㄴ, ~할
where	~ㄴ, ~할
who	~ㄴ, ~할
what	~것 (명사절)
how	~ㄴ, ~할
why	~ㄴ, ~할
that	~ㄴ, ~할

의사 관계대명사

as	~ㄴ, ~할
but	~ㄴ, ~할 (not을 붙여서 해석)
than	~보다

복합 관계대명사

whenever	언제 ~한다 해도, ~할 때는 언제나
wherever	어디서 ~한다 해도, ~하는 곳은 어디나
whoever	누가 ~한다 해도, ~하는 사람은 누구나

whatever	무엇을 ~한다 해도, ~하는 것은 무엇이나
however	어떻게 ~한다 해도
whichever	어느 것을 ~한다 해도, ~하는 것은 어느 것이나

부사절 접속사

1. 시간

when	~때
while	~동안에
until	~때까지
till	~때까지
before	~전에
after	~후에
since	~이래로
as long as	~하는 한
so lone as	~하는 한
as far as	~하는 한
so far as	~하는 한
as soon as	~하자 마자

2. 이유

because	~때문에
since	~때문에
now that	~때문에
in that	~때문에
as	~때문에

3. 조건(가정법)

if	만약 ~한다면
unless	만약 ~하지 않는다면
in case	~한 경우에
once	일단 ~한다면
supposing that	만약 ~한다면
supposed that	만약 ~한다면
providing that	만약 ~한다면
provided that	만약 ~한다면
as if	마치 ~인 것처럼
as though	마치 ~인 것처럼
I wish that절	~이 아니라서 유감이다

4. 양보

although	비록 ~한다 해도
though	비록 ~한다 해도
even though	비록 ~한다 해도
if	비록 ~한다 해도
even if	비록 ~한다 해도

5. 비교

than	~보다
as ~ as	아주 ~만큼

상관 접속사

both A and B	A와 B 둘 다 (전체 긍정)
either A or B	A나 B 둘 중에 하나 (부분 부정)
neither A nor B	A와 B 둘 다 아닌 (전체 부정)
No sooner ~ than	~하자 마자
Hardly ~ before	~하자 마자
Scarcely ~ when	~하자 마자
that may	~하도록 하기 위해서
so that may	~하도록 하기 위해서
in order that may	~하도록 하기 위해서
lest that ~ should	~하지 않도록 하기 위해서
for fear that	~하지 않도록 하기 위해서

as 해석의 다양성

1. ~때
2. ~때문에
3. 꼭 ~처럼 → just as
4. ~ㄴ, ~할 → as + 동사 = 의사관계대명사
5. ~함에 따라 → as + 비교급
6. 아주 ~ 만큼 → as ~ as
7. ~하는 한 → think, know, believe
8. ~대로 → keep, leave

Lecture 26
03 등위절의 해석 공식

등위절 해석 공식

등위접속사는 절에서 맨 먼저
등위   주어   +   동사   + ...마(구)
E   1   ←―――――――― 2

Examples

1. and your ears will never get you in trouble
2. or you'll never get the proper advice in need
3. but a dog hunting does not notice them
4. , so they became close friends
5. , for we cannot define a life in a word
6. , while they have another plan for that

어휘 **trouble** 곤란 **proper** 적절한 **in need** 필요할 때에 **hunt** 사냥하다 **notice** 알아채다 **define** 정의를 내리다

해석
1. 그러면 너의 두 귀는 곤란 속으로 너를 결코 빠뜨리지 않을 것이다.
2. 그렇지 않으면 너는 필요할 때에 적절한 충고를 얻지 못할 것이다.
3. 그러나 사냥 중인 개는 그것들을 알아채지 못한다.
4. 그래서 그들은 가까운 친구들이 되었다.
5. 왜냐하면 우리는 한마디로 인생을 정의할 수 없기 때문이다.
6. 반면에 그들은 그것에 대한 또 다른 계획을 가지고 있다.

해설 and, or, but은 앞에 comma가 올 수도 있고, 안 올 수도 있다.
so, for, while 앞에는 comma가 반드시 와야 한다.

04 일반 종속절의 해석 공식

Lecture 26

일반 종속절 해석 공식

주어에서 시작해서, 접속사에서 끝

<u>접속사</u>   주어   +   동사   + ...마(구)
 끝   1   ←———————— 2

Examples

시간

before you point your fingers at others 네가 다른 사람들에게 손가락질을 하기 전에
after you have tried everything possible 네가 가능한 모든 것을 시도한 후에
until you spread your wings 네가 날개를 펼칠 때까지
when one door of happiness closes 행복의 한 쪽 문이 닫힐 때
while ice cream is on your plate 아이스크림이 너의 접시에 있을 때

이유

because I have confidence in the power of truth 내가 진실의 힘에 확신을 가지고 있기 때문에
since it will lead people to seek knowledge 그것이 지식을 탐구하는 사람들을 이끌 것이기 때문에
now that the world is facing another danger 세상이 또 다른 위험에 직면하고 있기 때문에
as I have treated them today 내가 오늘 그들을 대접했기 때문에
in that 'must' is different from 'should' must와 should와는 다르기 때문에

정도

as far as you can go 네가 갈 수 있는 한
so far as your saying influence others 네가 말하는 것이 다른 사람들에게 영향을 끼치는 한
as long as he is remembered by someone 그가 어떤 사람에 의해서 기억되는 한
so long as you conceal your plan B 네가 너의 예비책을 숨기는 한

Lecture 26 절의 해석공식 **239**

조건

if he can still laugh	만약 그가 여전히 웃는다면
unless your idea leads to action	만약 너의 아이디어가 행동으로 이끌지 않는다면
in case you have confidence to make it	네가 그것을 해낸다는 확신을 가지고 있는 **경우에**
provided that he can take it	만약 그가 그것을 선택한다면
supposed that the weather gets warmer	만약 날씨가 더 따뜻해 진다면

양보

as if nothing happened	마치 아무 일도 일어나지 않은 **것처럼**
as though everything is a miracle	마치 모든 것이 기적인 **것처럼**
even if your teeth are crooked	비록 너의 치아가 삐뚤어졌다고 **해도**
although both love and knowledge are necessary	비록 사랑과 지식이 둘 다 필요하다고 **해도**
though you get hurt by his rude remarks	비록 네가 그의 험한 말에 상처를 입었다 **해도**

Lecture 27

관계사절 해석 공식

Lecture Target

❶ 관계사절을 쉽게 해석한다.
❷ 복문, 혼문을 대비한다.
❸ 절별 리듬 독해를 준비한다.

Lecture 27
01 관계사 이해

관계사 특징

1. 의문사(wh-)가 의문문에 쓰이지 않았으면 관계사이다.
2. 앞에 있는 선행사(명사)를 수직하는 형용사절이다.
3. 관계사 = ~ㄴ, ~할 / what = ~것
4. 선행사가 없으면 자기가 명사절이다.

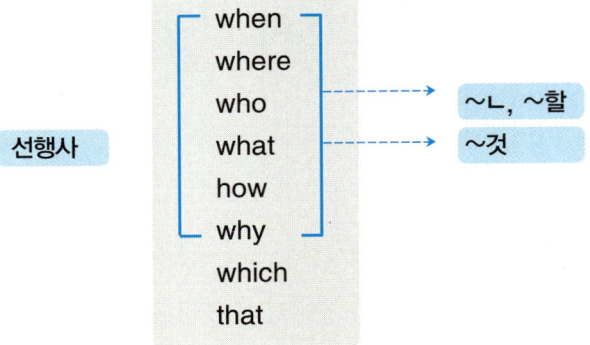

관계사절 해석 1공식

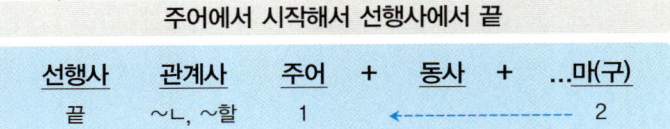

Examples

a man **whom** we will hire	우리가 고용할 사람
a car **which** I want to buy	내가 사기를 원하는 차
only person **that** I trust on earth	내가 이 세상에서 신뢰하는 유일한 사람
the time **when** we should wait	우리가 기다려야 하는 때
the place **where** we will move	우리가 이사 갈 곳
the way (**how**) you can make it	네가 그것을 만들 수 있는 방법
the reason **why** she is happy	그녀가 행복한 이유

Reading in Rhythm

관계사절 해석 2공식

맨 뒤에서 시작해서 접속사에서 끝			
선행사	관계사	동사 +	...마(구)
끝	~, ~할	←――――――	1

Examples

a man who wishes to be a statesman	정치인이 되기를 바라는 사람
a book which teaches them moral life	도덕적인 삶을 그들에게 가르치는 책
only man that came to his funeral	그의 장례식에 왔던 유일한 사람
what makes you think like that	네가 그렇게 생각하도록 만드는 것
the same idea as was suggested before	전에 제안되었던 것과 같은 아이디어
no one but loves her songs	그녀의 노래들을 사랑하지 않는 어떤 사람도
better condition than was offered before	전에 제안되었던 것보다 더 나은 조건

관계사절 해석 3공식

제 뜻, 제 뜻 ~인지			
관계사	주어 +	동사 +	...마(구)
1	1	←――――――	2

Examples

who will accompany me	나와 동행할 사람
	누가 나와 동행할 지
whom I have to meet there	내가 거기에서 만나야 할 사람
	누구를 내가 거기에서 만나야 할 지
which is better for you	너에게 더 좋은 것
	어느 것이 너에게 더 좋은 지

which I buy her	내가 그녀에게 사주는 것 어떤 것을 내가 그녀에게 사주는 지
when he arrives here	그가 여기에 도착할 때 언제 그가 여기에 도착하는 지
where you want to stay	네가 머물고 싶은 곳 어디에서 네가 머물고 싶은 지
why he is angry	그녀가 화가 난 이유 왜 그녀가 화가 났는 지

Lecture 27 | 01 복합 관계사

복합 관계사는 wh + ever의 형태이며 선행사는 없다. 그리고 부사절일 경우에는 양보의 의미로서 no matter ~ 형태로 바꾸어도 된다.

복합 관계사절 해석 공식

해석어 선택

명사절
1. 동사 앞, 뒤에 왔을 때
2. ~이든지
3. whomever, whatever, whichever만 가능

부사절
1. 나머지 위치에 왔을 때
2. ~한다 해도 (양보)
3. 모두 가능

복합관계사절 품사 판단법

Examples

❶ Whatever will happen will happen, and that is called fate.

> Whatever will happen　　　　일어날 것은 어떤 것이든지
> will happen,　　　　　　　　일어날 것이다
> and that is called fate.　　　그리고 그것은 숙명이라고 불리 운다

어휘 fate 숙명
해석 일어날 것은 어떤 것이든지 일어날 것이다, 그리고 그것은 숙명이라고 불리 운다.
필자주 "Que Sera Sera"는 "될 대로 되라"라고 해석된 적이 있었고 아주 유행하기도 했다. 그러나 그것의 원래 의미는 "될 것은 되어 질것이니 너무 걱정하지 말라."가 옳은 해석이다.

❷ Always shun whatever may make you angry.

> Always shun　　　　　　　　　　언제나 피하라
> whatever may make you angry.　너를 화나게 만들지도 모르는 것은 무엇이든지

어휘 angry 화난
해석 언제나 너를 화나게 만들지도 모르는 것은 무엇이든지 피하라.
필자주 화를 내면 사람이 쫀쫀해 보인다, 화를 내지 않으면 무골호인처럼 보이며 또한 만만해 보인다. 적절한 밸런스는 정말 어렵다.

❸ Edison, whatever he invented, poured all his heart and soul on it until it is accomplished.

리듬독해 Reading in Rhythm

Edison,
whatever he invented,
poured all his heart and soul on it
until it is accomplished.

에디슨은,
무엇을 그가 발명하든지,
그것에 모든 그의 마음과 영혼을 퍼 부었다
그것이 성취될 때까지

어휘 invent 발명하다 pour 퍼붓다 soul 영혼 accomplish 성취하다
해석 에디슨은, 무엇을 그가 발명하든지, 그것에 모든 그의 마음과 영혼을 그것이 성취될 때까지 퍼 부었다.
필자주 에디슨 집에 불이 났을 때, 그는 식구들을 불러서 같이 구경을 했다. 그의 말에 의하면 자기 집이 불타는 것을 볼 수 있는 것은 아무나 갖는 기회가 아니라는 것이었다.

4 Whoever follows a crowd, it is just going on its way, and never stops and waits.

리듬독해 Reading in Rhythm

Whoever follows a crowd,
it is just going on its way,
and never stops and waits.

누가 대중을 따라간다 해도,
그것은 단지 그것의 길을 갈 뿐이다,
그리고 결코 멈추거나 기다리지 않는다

어휘 follow 따라가다 crowd 대중
해석 누가 대중을 따라간다 해도, 그것은 단지 그것의 길을 갈 뿐이다, 그리고 결코 멈추거나 기다리지 않는다.

5 However good a friend is, they're going to hurt you every once in a while and you must forgive them for that.

리듬독해 Reading in Rhythm

However good a friend is,
they're going to hurt you
every once in a while
and you must forgive them for that.

얼마나 친구가 좋다고 할지라도
그들은 너에게 상처를 줄 것이다
어쩌다가
그리고 너는 그것에 대해서 그들을 용서해야 한다

어휘 hurt 상처를 주다 every once in a while 어쩌다가 forgive 용서하다
해석 얼마나 친구가 좋다고 할지라도, 그들은 어쩌다가 너에게 상처를 줄 것이다 그리고 너는 그것에 대해서 그들을 용서해야 한다.

❻ Wherever you are, to reach for your own star, you should realize the power of the dream.

리듬독해 Reading in Rhythm

Wherever you are,	당신이 무엇이든지 간에,
to reach for your own star,	당신만의 별에 도달하기 위해서
you should realize the power of the dream.	당신은 꿈의 위력을 인식해야 한다

어휘 reach 도달하다   realize 깨닫다

해석 당신이 무엇이든지 간에, 당신만의 별에 도달하기 위해서, 당신은 꿈의 위력을 인식해야 한다.

Lecture 28

that절 해석

Lecture Target

① that은 가장 많이 쓰이는 접속사이다.
② 등위절, 명사절, 형용사절, 부사절로 쓰인다.
③ 형태상 용법을 판단하여 정확하게 해석한다.

Lecture 28
01 that절의 판단법

Case 1

- 명사 — that = 관계사 ~ㄴ, ~할
- ~~명사~~ — that = 명사절 ~라는 것, ~하기를
- that — that동사 = 관계사 ~ㄴ, ~할
- so, such — that = so 그래서
- 최상급 — that = ~중에서

Case 2

- so — that ~may
- in order — that ~may

→ ~하도록 하기 위해서 (that ~may)

Case 3

- lest — that ~should
- for fear — that ~may

→ ~하지 않도록 하기 위해서

Case 4

- now — that
- in — that
- 형용사 — that

→ ~때문에

Case 5

- It ~ — that = 가주어 / 진주어
  that 대신에 wh-를 쓰면 강조형이다
- I wish — that = 가정법 ~이 아니라서 유감이다

250 Reading in Rhythm

Examples

❶ A beginning is the time for taking the most delicate care that balances are correct.

리듬독해 Reading in Rhythm

A beginning is the time	시작은 때이다
for taking the most delicate care	가장 섬세한 주의를 기울여야 하는
that balances are correct.	균형들이 정확한

어휘 delicate 섬세한, 약한   balance 균형   correct 옳은, 정확한
해석 시작은 균형들이 정확한 가장 섬세한 주의를 기울여야 하는 때이다.

❷ An investment company is a place that will invest an inventor if he can prove that his business is growing up.

리듬독해 Reading in Rhythm

An investment company is a place	투자회사는 곳이다
that will invest an inventor	발명가에게 투자할
if he can prove	만약 그가 증명할 수 있다면
that his business is growing up.	그의 사업이 성장하는 중이라는 것을

어휘 investment 투자   inventor 발명가   grow up 성장하다
해석 투자회사는 만약 발명가가 그의 사업이 성장하는 중이라는 것을 증명할 수 있다면 발명가에게 투자할 곳이다.
필자주 얼마나 많은 발명가들이 자금 때문에 눈물을 흘렸고, 흘리고 있고, 또 앞으로 흘릴 것인가? 밥을 지을 때는 혼자 짓지만 밥이 다되면 수저를 들고 나타나는 사람들은 아주 많다.

❸ A dog is the only thing on earth that loves you more than he loves himself.

리듬독해 Reading in Rhythm

A dog is the only thing on earth	개는 세상에서 유일한 것이다
that loves you more	당신을 더 사랑하는
than he loves himself.	그가 그 자신을 사랑하는 것보다 더

해석 개는 세상에서 그가 그 자신을 사랑하는 것보다 더 당신을 더 사랑하는 유일한 것이다.

> 필자주 이 녀석은 너무 사랑이 풍부해서 휴일에 낮잠도 못 자게 만든다. 지금은 없지만 전에는 시골 동네 어른들이 기르던 개를 잡는 일이 있었다. 아이들이 울면서 개를 부르면, 목이 맨 채 죽어 가면서도 꼬리를 흔든다. 그리고 작은 주인에게 영원한 마음의 상처를 남긴다.

❹ My children are so lovely that I hardly find time to play with them to support them.

리듬독해 Reading in Rhythm

My children are so lovely	나의 자녀들은 아주 사랑스럽다
that I hardly find time	그래서 나는 시간을 거의 낼 수가 없다
to play with them	그들과 놀아 줄
to support them.	그들을 부양하기 위해서

> 어휘 **hardly** 거의 ~아니다   **support** 부양하다
>
> 해석 나의 자녀들은 아주 사랑스럽다. 그래서 나는 그들을 부양하기 위해서 그들과 놀아 줄 시간을 거의 낼 수가 없다.
>
> 필자주 〈한 초등학생의 일기〉
> "엄마가 늘 나를 보살펴 주어서 좋다. TV는 늘 재미있는 프로가 나와서 좋다. 개는 늘 나와 놀아 주어서 좋다. 그런데 아빠는 왜 있는지 모르겠다." 아빠의 씁쓸한 모습이 보이고 한숨 소리가 들린다.

❺ My wife is such a fashionable woman that I rarely wear a tie which I adore.

리듬독해 Reading in Rhythm

My wife is such a fashionable woman	나의 아내는 아주 유행에 민감한 여자이다
that I rarely wear a tie	그래서 나는 넥타이를 거의 매지 못한다
which I adore.	내가 좋아하는

> 어휘 **fashionable** 유행에 민감한
>
> 해석 나의 아내는 아주 유행에 민감한 여자이다. 그래서 나는 내가 좋아하는 넥타이를 거의 매지 못한다.
>
> 필자주 이 사람은 분명히 남자들에게는 근엄해 보이고, 여자들에게는 촌스러워 보이는 넥타이를 매고 있음이 틀림 없다.

❻ In my eyes, my children are good guys, but in their grandparents' eyes, they are the best creatures that they have ever seen.

Reading in Rhythm

In my eyes,	내 눈에,
my children are good guys,	나의 자녀들은 훌륭한 애들이다,
but in their grandparents' eyes,	그러나 그들의 조부모님 눈에,
they are the best creatures	그들은 최고의 창조물이다
that they have ever seen.	그분들이 지금까지 보아 오신 것들 중에서

어휘 creature 창조물

해석 내 눈에, 나의 자녀들은 훌륭한 애들이다, 그러나 그들의 조부모님 눈에, 그들은 그분들이 지금까지 보아 오신 것들 중에서 최고의 창조물이다.

필자주 부모와의 겸상은 잔소리 듣는 시간이고, 조부모와 겸상은 칭찬 듣는 시간이다. 그래서 아이들은 할아버지, 할머니와 더 친근하다. 그 분들은 언제나 든든한 우방이다.

7 Teachers always study that their students may learn what they would love to teach.

Reading in Rhythm

Teachers always study	선생님들은 언제나 연구한다
that their students may learn	그분들의 학생들이 이해하도록
what they would love to teach.	그 분들이 가르치기를 원하는 것을

해석 선생님들은 그분들의 학생들이 그 분들이 가르치기를 원하는 것을 이해하도록 언제나 연구한다.

필자주 "한 어머니 왈, "애가 속 썩여서 죽겠어요." 스승의 은혜가 하늘 같은 이유는 자기 자식 한, 두 명 가지고 속상한 경우가 많은 데 남의 자식 수 십, 수 백명을 가르치기 때문이다.

8 Take good care of your books so that they may pay you back with the contents in them.

Reading in Rhythm

Take good care of your books	네 책들을 잘 간수해라
so that they may pay you back	그것들이 네게 보답할 수 있도록
with the contents in them.	그것들 안에 있는 내용물들로

어휘 pay back 보답하다   content 내용물

> **해석** 그것들이 그것들 안에 있는 내용물들로 네게 보답할 수 있도록 네 책들을 잘 간수해라.
>
> **필자주** 차를 잘 보살피면 안전으로 보답 받고, 책을 잘 보살피면 지식으로 보답 받는다. 사람만 은혜에 보답하는 것이 아니라 무생물도 같다. 물에게 길을 열어 주면, 물은 우리에게 살 길을 열어준다.

❾ We must be gentlemen and ladies in order that the feeling will not be hurt, and so that peoples can live comfortably together.

> **리듬독해 Reading in Rhythm**
>
> | | |
> |---|---|
> | We must be gentlemen and ladies | 우리는 신사와 숙녀가 되어야 한다 |
> | in order that the feeling will not be hurt, | 감정이 다치지 않도록 |
> | and so that peoples can live comfortably together. | 그리고 사람들이 서로 편안하게 살 수 있도록 |

> **어휘** comfortably 편안하게
>
> **해석** 우리는 감정이 다치지 않도록 그리고 사람들이 서로 편안하게 살 수 있도록 신사와 숙녀가 되어야 한다.
>
> **필자주** "하루에 거울을 세 번 보면 멋쟁이가 된다."는 프랑스 격언이다. 표정은 온화하게, 자세는 우아하게, 말은 상냥하게…… 미워할 구석을 찾을래야 찾을 수가 없다. 이런 사람들을 우리는 신사, 숙녀라고 부른다.

❿ We often get much conflicting advice, so we are afraid to accept any of it lest that we should make bad matters worse.

> **리듬독해 Reading in Rhythm**
>
> | | |
> |---|---|
> | We often get much conflicting advice, | 우리는 종종 많은 갈등이 있는 충고를 듣는다, |
> | so we are afraid to accept any of it | 그래서 우리는 그것의 어떤 것도 받아들이길 두려워 한다 |
> | lest that we should make bad matters worse. | 우리가 나쁜 일들은 더 나쁘게 만들지 않도록 |

> **어휘** conflicting 갈등이 있는　afraid 두려워 하는　accept 받아들이다
>
> **해석** 우리는 종종 많은 갈등이 있는 충고를 듣는다, 그래서 우리는 우리가 나쁜 일들은 더 나쁘게 만들지 않도록 그것의 어떤 것도 받아들이길 두려워 한다.
>
> **필자주** "일병만약(一病萬藥)" 한 사람이 병이 들면 만 명에 의해 만가지 처방이 나온다. 너무 헷갈려서 갈피를 잡을 수 없다. 그리고 병이 나았을 때 무슨 처방 때문에 나았는지도 모른다.

11. We don't decide something looking clear for fear that there may be some risk to spoil our whole plan.

리듬독해 Reading in Rhythm

We don't decide something looking clear　우리는 어떤 것을 명확하게 보이도록 결정하지 않는다
for fear that there may be some risk　어떤 위험이 있지 않도록 하기 위해서
to spoil our whole plan.　우리의 전체 계획을 망칠

어휘 **decide** 결정하다　**risk** 위험　**spoil** 망치다
해석 우리는 어떤 것을 우리의 전체 계획을 망칠 어떤 위험이 있지 않도록 하기 위해서 명확하게 보이도록 결정하지 않는다.
필자주 모든 일에는 언제나 융통성이 있을 여지를 남겨 놓아야 한다. 계획에 준해서 일사천리로 진행해서 마무리 지을 수 있는 일은 거의 없다. 전기 밥솥으로 밥을 지을 때, 다 되었으려니 하고 열어 보면 스위치를 누르는 것을 잊은 경우도 있다.

12. Now that I have given up hope, I feel much better.

리듬독해 Reading in Rhythm

Now that I have given up hope,　내가 희망을 포기했기 때문에
I feel much better.　나는 훨씬 더 낫게 느낀다

어휘 **give up** 포기하다
해석 내가 희망을 포기했기 때문에 나는 훨씬 더 낫게 느낀다.
필자주 포기는 좋은 단어는 아니지만, 안될 일은 빠른 포기가 빠른 평온을 가져온다. 불굴의 의지, 집념 등은 멋진 말이지만 그것은 통할 것일 때 필요하다. 악전고투는 준비가 부족했다는 의미이다.

13. Let us get more and more vocabulary in that intellectual joy of language can make our conversation rich and social.

리듬독해 Reading in Rhythm

Let us get more and more vocabulary　점점 더 많은 어휘를 습득하도록 합시다
in that intellectual joy of language　언어의 지적인 즐거움은
can make our conversation　우리의 대화를 만들 수 있기 때문입니다
rich and social.　풍요롭고 사교적으로

어휘 **vocabulary** 어휘　**intellectual** 지적인　**conversation** 대화　**social** 사교적인
해석 언어의 지적인 즐거움은 우리의 대화를 풍요롭고 사교적으로 만들 수 있기 때문에 점점 더 많은 어휘를 습득하도록 합시다.

> 필자주: 대화에서 3단어 이상 못 알아 듣는 단어가 있으면, 대화 자체가 답답하다. 이제부터는 상대가 알아들을 만한 어휘를 찾아내는 것이 어려운 과제가 된다.

14 I am very happy that you are here with me.

> 리듬독해 Reading in Rhythm
>
> I am very happy   나는 아주 행복하다
> that you are here with me.   당신이 나와 함께 여기 있어서

해석: 나는 당신이 나와 함께 여기 있어서 아주 행복하다.

15 It was Mr. Brown that helped me to make it.
It was Mr. Brown who helped me to make it.

> 리듬독해 Reading in Rhythm
>
> It was Mr. Brown   그것은 바로 Mr. Brown이었다
> that helped me to make it.   내가 그것을 해내도록 도와준 사람
> It was Mr. Brown
> who helped me to make it.

해석: 내가 그것을 해내도록 도와 준 사람은 바로 Mr. Brown이었다.
필자주: that보다는 who가 더 강조형이다.

16 It is a poor workman that blames his tools.
It is a poor workman who blames his tools.

> 리듬독해 Reading in Rhythm
>
> It is a poor workman   그것은 바로 실력이 없는 일꾼이다
> that blames his tools.   그의 도구를 비난하는 사람은

어휘: blame 비난하다
해석: 그의 도구를 비난하는 사람은 바로 실력이 없는 일꾼이다.

02 wish + that절의 해석

Lecture 28

wish 다음에 that절이 오면 가정법이다. 따라서 시제에 유의해야 한다.

wish that절의 해석

I wish that ~ed
지금 ~이 아니라서 지금 유감이다.

I wish that ~ had P.P
그 때 ~이 아니었던 것이 지금 유감이다.

I wished that ~ had P.P
그 때 ~이 아니었던 것이 그 때도 유감이었다.

※ 반드시 that절에 not을 붙여서 해석해야 한다.

Examples

❶ I wish that I were there with you.

리듬독해 Reading in Rhythm

| I wish | 나는 유감이다 |
| that I were there with you. | 내가 지금 그와 함께 거기에 없는 것이 |

해석 나는 내가 지금 그와 함께 거기에 없는 것이 유감이다.

❷ I wish that I had been there with you.

리듬독해 Reading in Rhythm

| I wish | 나는 유감이다 |
| that I had been there with you. | 그때 그와 함께 거기에 없었던 것이 |

해석 나는 그때 그와 함께 거기에 없었던 것이 유감이다.

❸ I wished that I had been there with you.

리듬독해 Reading in Rhythm

| I wished | 나는 유감이었다 |
| that I had been there with you. | 그때 그와 함께 거기에 없었던 것이 |

해석 나는 그때 그와 함께 거기에 없었던 것이 유감이었다.

R·E·A·D·I·N·G I·N R·H·Y·T·H·M

Lecture 29

준동사

Lecture Target

❶ 동사의 변화를 알아 본다.
❷ 용법에 따른 정확한 판단과 해석어를 알아 본다.

Lecture 29 — 01 준동사의 정의

준동사의 정의

1. 동사의 변화이다.
2. 동사가 명사, 형용사, 부사가 된 것이다.
3. 동사의 의미가 포함되어 있다.
4. 단문의 해석과 같은 방식으로 한다.

준동사 형태의 비교

동사 + ing	= 명사 : 동명사
	= 형용사 : 현재분사
동사 + ed	= 동사 : 과거동사
	= 형용사 : 과거분사
to + 동사	: to부정사

준동사 해석 비교

동명사	~하기, ~하는 것, ~한다는 것
현재분사	~하는 중, ~하는 중인, ~하면서
과거분사	~되어 진, ~받는, ~되어진 채
to부정사	7가지

Lecture 29 — 02 동명사 정의

동명사의 정의

1. 동사 + -ing
2. 동사의 의미가 포함된 명사이다.
3. ~하기, ~하는 것, ~한다는 것

동명사 판단법

1. `-ing` + 동사 = 동명사
2. Be + `-ing` = ~것: 동명사
3. 일반 + `-ing` = ~것: 동명사
4. 전치사 + `-ing`
5. 소유격 + `-ing` = 소유격은 동명사의 주어

Examples

❶ Seeing is believing.

[해석] 보는 것이 믿는 것이다.
[필자주] 유명한 말이고, "To see is to believe."로도 쓰이는데, "우리말로는 백문이 불여일견(百聞이 不如一見)"이라고 해석된다.

❷ Thinking about the sad past will bring you nothing but an ulcer.

[리듬독해 Reading in Rhythm]

Thinking about the sad past	슬픈 과거에 대해서 생각하는 것은
will bring you nothing	당신에게 아무 것도 가져다 주지 않을 것이다
but an ulcer.	궤양 외에는

[어휘] **past** 과거　**ulcer** 궤양　* 궤양으로 배를 얼싸 안고 괴로워 하다
[해석] 슬픈 과거에 대해서 생각하는 것은 궤양 외에는 당신에게 아무 것도 가져다 주지 않을 것이다.
[해설] **but**은 전치사로서 [~이외에는]
[필자주] 뱃속에 있는 것보다는 머릿속에 있는 것이 더 많은 질병을 일으킬 수 있다.

❸ Crying also helps your emotional problem as well as laughing.

[리듬독해 Reading in Rhythm]

Crying also helps	우는 것 또한 도움이 된다
your emotional problem	당신의 감정 문제에
as well as laughing.	웃는 것과 마찬가지로

[어휘] **emotional** 감정적인　* 이모 오신 날　**as well as** 마찬가지로

해석 우는 것 또한 웃는 것과 마찬가지로 당신의 감정 문제에 도움이 된다.
필자주 잘 먹고, 잘 배설하고, 잘 웃고, 잘 울고 하는 사람들은 의사가 싫어한다. 도대체가 만나러 와 주질 않기 때문이다.

❹ Loving yourself is the beginning of love.

리듬독해 Reading in Rhythm

| Loving yourself is | 당신 자신을 사랑하는 것은 ~이다 |
| the beginning of love. | 사랑의 시작 |

해석 당신 자신을 사랑하는 것은 사랑의 시작이다.
필자주 신언서판(身言書判): 몸이 단정한 것이 으뜸이고, 말은 품위가 있어야 하며, 글은 말이 읽어야 하고, 판단은 명쾌해야 한다. 우리의 조부모, 부모 세대는 일제의 우민화 정책으로 학력은 짧았지만, 품위가 있었으나, 요즘은 학력은 하늘을 찌르나, 너무나 천박한 문화에 영향을 많이 받는 듯 하다.

❺ Fearing what is fearful is true courage, unless you are ready to run away.

리듬독해 Reading in Rhythm

Fearing what is fearful	두려운 것을 두려워 하는 것은
is true courage,	진정한 용기이다
unless you are ready	만약 네가 준비가 되어있지 않다면
to run away.	도망칠

어휘 fear 두려워 하다 courage 용기 unless 만약 ~이 아니라면 run away 도망치다
해석 두려운 것을 두려워 하는 것은 진정한 용기이다, 만약 네가 도망칠 준비가 되어있지 않다면.
필자주 누구나 다리가 덜덜 떨릴 정도로 겁은 나지만, 용기와 비겁의 차이는 등이 어느 쪽을 향하고 있느냐에 달려 있다. 위기에는 반드시 등이 우리 쪽을 향하여야 한다.

❻ Judging someone else will put you at the place being judged.

리듬독해 Reading in Rhythm

| Judging someone else will put you | 다른 사람을 심판하는 것은 너를 놓을 것이다 |
| at the place being judged. | 심판받는 위치에 |

어휘 judge 심판하다
해석 다른 사람을 심판하는 것은 너를 심판받는 위치에 놓을 것이다.

❼ You should thank for his being patient to your underestimating him.

> **리듬독해 Reading in Rhythm**
>
> You should thank   당신은 감사해야 한다
> for his being patient   그가 참는 것에 대해서
> to your underestimating him.   당신이 그를 과소평가하는 것에

어휘 patient 참는 underestimate 과소평가하다
해석 당신은 당신이 그를 과소평가하는 것에 그가 참는 것에 대해서 감사해야 한다.

❽ Knowing yourself is not so easy as others like to say.

> **리듬독해 Reading in Rhythm**
>
> Knowing yourself is not so easy   당신 자신을 아는 것은 그렇게 쉽지는 않다
> as others like to say.   다른 사람들이 말하기를 좋아하는 것만큼은

해석 당신 자신을 아는 것은 다른 사람들이 말하기를 좋아하는 것만큼은 그렇게 쉽지는 않다.
필자주 나도 모르는 나에 대한 것을 남들은 더 잘 아는 듯 말한다. 누구나 "그때는 그럴 수 밖에 없었다."는 확실한 이유가 있는 것이다.

❾ I like staying alone on the sofa on a rainy day listening to song of rain and wind.

> **리듬독해 Reading in Rhythm**
>
> I like staying alone   나는 혼자 머물기를 좋아한다
> on the sofa   소파에서
> on a rainy day   비오는 날에
> listening to song of rain and wind.   비와 바람의 노래를 들으면서

해석 나는 비와 바람의 노래를 들으면서 비오는 날에 소파에서 혼자 머물기를 좋아한다.
필자주 자연은 어떤 음악가보다도 더 아름다운 음악을 끊임없이 우리에게 들려주고, 그 어떤 화가보다도 더 아름다운 광경을 우리에게 매일, 매시 펼쳐 준다. 길을 걸을 때 보도블록만 쳐다보지 말고 가끔은 하늘을 바라보자. 하루에 세 번 하늘을 보는 사람은 착하다고 했다.

10 A successful marriage requires failing in love many times, always with the same person.

> **리듬독해 Reading in Rhythm**
>
> | A successful marriage requires | 성공한 결혼은 요구한다 |
> | failing in love many times, | 여러 번 사랑에 빠지는 것을 |
> | always with the same person. | 언제나 같은 사람과 |

어휘 require 요구하다

해석 성공한 결혼은 언제나 같은 사람과 여러 번 사랑에 빠지는 것을 요구한다.

필자주 그리하려고 결혼했던 것 아닌가? 아내들이여 남편이 출근할 때, 호칭이 무엇이 되었던 한번 다시 불러라. "왜?"라고 돌아다 보면, "한 번 더 보고 싶어서……" 라고 말해라. 남편이 멋 적게 웃을지라도, 그의 마음은 당신에 대한 사랑으로 가득해 진다. 너무 쉽지 않은가?

Lecture 29 03 현재 분사 정의

현재 분사의 정의

1. 동사 + ing
2. 동사의 의미를 포함한 형용사
3. 능동적인 진행의 의미
4. 형용사가 오는 모든 자리에 올 수 있다.
5. ~하는 중, ~하는 중인, ~하면서

현재 분사 판단법

1. `-ing` + 명사 = 현재분사
2. Be + `-ing` = 것 : 동명사
   = 것 : 현재분사
3. 일반 + `-ing`

현재 분사구 판단법

4. 명사 + `-ing구` = 현재분사구
   = 분사구문
5. 일반 + `-ing구` = 분사구문

동명사 VS 현재 분사

`-ing` + 명사 : 진행중인 동작 = 현재분사
   (~하는 중인)

: 목적, 용도 = 동명사
   (~용)

Examples

비교	
sleeping baby	잠자는 아기
sleeping bag	침낭
running man	달리기하고 있는 남자
running shoes	운동화
dining workers	식사 중인 근로자들
dining table	식탁

Lecture 29 준동사

② Rolling stones gather no moss.

> **어휘** roll 구르다　gather 모으다　* 개 더 모아라　moss 이끼
> **해석** 구르는 돌은 이끼가 끼지 않는다.

③ A drowning man will catch at a straw.

> **리듬독해 Reading in Rhythm**
>
> A drowning man　　　　　익사하고 있는 사람은
> will catch at a straw.　　　지푸라기라도 잡을 것이다

> **어휘** drawn 익사하다　straw 지푸라기, 대롱
> **해석** 익사하고 있는 사람은 지푸라기라도 잡을 것이다.

④ A history is always written by the winning side.

> **리듬독해 Reading in Rhythm**
>
> A history is always written　　역사는 언제나 쓰여 진다
> by the winning side.　　　　　승리하는 편에 의해서

> **어휘** winning side 승리하는 편
> **해석** 역사는 언제나 승리하는 편에 의해서 쓰여 진다.

⑤ A moving door hinge never corrodes; flowing water never grows stagnant.

> **리듬독해 Reading in Rhythm**
>
> A moving door hinge never corrodes;　움직이는 경첩은 부식되지 않는다;
> flowing water never grows stagnant.　　흐르는 물은 결코 썩지 않는다

> **어휘** hinge 경첩　* 경첩에 흰쥐가 끼어 있다　corrode 부식되다　flow 흐르다　* 흘러　stagnant 썩은, 고인
> **해석** 움직이는 경첩은 부식되지 않는다; 흐르는 물은 결코 썩지 않는다.

⑥ Let a sleeping dog lie.

해석 잠자는 개는 누워있는 채로 두어라.
해설 긁어 부스럼 만들지 마라

❼ Man is but a reed, the weakest in nature, but he is a thinking reed.

리듬독해 Reading in Rhythm

Man is but a reed,	사람은 갈대일 뿐이다
the weakest in nature,	자연에서 가장 약한
but he is a thinking reed.	그러나 그는 생각하는 갈대이다

어휘 reed 갈대 weak 약한
해석 사람은 갈대일 뿐이다, 자연에서 가장 약한, 그러나 그는 생각하는 갈대이다.
해설 Man is but a reed.에서 but은 부사로서 [오직, 다만]

❽ Never build your house on the sinking sand.

리듬독해 Reading in Rhythm

Never build your house	절대 너의 집을 짓지 말아라
on the sinking sand.	침식하는 모래 위에

어휘 sink 가라앉다, 침식하다 sand 모래
해석 침식하는 모래 위에 절대 너의 집을 짓지 말아라.

❾ Be not careless in deeds, nor confused in words, nor rambling in thought.

리듬독해 Reading in Rhythm

Be not careless in deeds,	행동하는 데에는 부주의하지 마라,
nor confused in words,	말하는 데에는 헷갈리지 말라
nor rambling in thought.	생각하는 데에는 이 생각 저 생각 하지 마라

어휘 careless 부주의한 deed 행동 confused 헷갈리는 ramble 배회하다
해석 행동하는 데에는 부주의하지 말고, 말하는 데에는 헷갈리지 말며, 생각하는 데에는 이 생각 저 생각하지 마라.

10 Everything is funny as long as it is happening to somebody else.

> **리듬독해 Reading in Rhythm**
>
> Everything is funny					모든 것은 재미있다
> as long as it is happening			그것이 일어나는 한
> to somebody else.					다른 사람에게

어휘 funny 재미있는
해석 모든 것은 그것이 다른 사람에게 일어나는 한 재미있다.

Lecture 29 04 과거분사 판단법

과거 분사 정의

1. 동사 + ed / 불규칙 변화
2. 동사의 의미가 포함된 형용사
3. 수동의 결과
4. 형용사가 오는 자리에 올 수 있다.

과거분사 판단법

1. ⬚ -ed + 명사 = 과거분사
2. Be + -ed + = 수동태
3. have + -ed = 완료시제

과거동사와 과거분사 구분법

1. 명사 + -ed : 명사가 동작을 하면 = 과거동사
2. 명사 + -ed : 명사가 동작을 받았으면 = 과거분사

R·E·A·D·I·N·G·I·N·R·H·Y·T·H·M

Examples

❶ They made sporting goods. Sporting goods made by them are the world-best.

> **리듬독해 Reading in Rhythm**
>
> They made sporting goods.   그들은 스포츠 용품들을 만든다
> Sporting goods made by them   그들에 의해 생산되는 스포츠 용품들은
> are the world-best.   세계 최고이다

어휘 sporting goods 스포츠 용품
해석 그들은 스포츠 용품들을 만든다. 그들에 의해 생산되는 스포츠 용품들은 세계 최고이다.

❷ Some whales attacked the fishing vessel.
Some whales attacked by the fishing vessel were killed and captured.

> **리듬독해 Reading in Rhythm**
>
> Some whales attacked by the fishing vessel   낚싯배에 의해 공격받았던 몇 마리의 고래들은
> were killed and captured.   살해되고 나포되었다

어휘 whale 고래   attack 공격하다   * 어, 탁탁 치며 공격하네   vessel 배   capture 나포하다
해석 몇 마리의 고래들이 그 낚싯배를 공격했다.
낚싯배에 의해 공격받았던 몇 마리의 고래들은 살해되고 나포되었다.

❸ A cornered stone meets the mason's chisel.

> **리듬독해 Reading in Rhythm**
>
> A cornered stone meets   모난 돌은 만난다
> the mason's chisel.   석수장이의 정을

어휘 cornered 모난   mason 석수장이   chisel 정   * 칫수를 맞추는 정
해석 모난 돌은 석수장이의 정을 만난다.

Lecture 29 준동사

4 A forced kindness deserves no thanks.

> 리듬독해 Reading in Rhythm
>
> | A forced kindness deserves no thanks. | 강요된 친절은 감사를 받을 자격이 없다 |

어휘 force 강요하다 deserve 자격이 있다
해석 강요된 친절은 감사를 받을 자격이 없다.

5 A civilized society is exhibiting the five high qualities of truth, beauty, adventure, art, and peace.

> 리듬독해 Reading in Rhythm
>
> | A civilized society is exhibiting | 문명화된 사회는 나타낸다 |
> | the five high qualities of truth, | 다섯 가지의 높은 질의 진실, |
> | beauty, | 아름다움 |
> | adventure, | 모험 |
> | art, | 예술 |
> | and peace. | 그리고 평화 |

어휘 exhibit 나타내다, 전시하다 quality 품질 adventure 모험
해석 문명화된 사회는 다섯 가지의 높은 질의 진실, 아름다움, 모험, 예술, 그리고 평화를 나타낸다.

6 A learned blockhead is a greater blockhead than an ignorant one.

> 리듬독해 Reading in Rhythm
>
> | A learned blockhead is | 유식한 멍청이는 ~이다 |
> | a greater blockhead | 더 대단한 멍청이 |
> | than an ignorant one. | 무식한 멍청이 보다 |

어휘 learned 유식한 blockhead 멍청이 ignorant 무식한
해석 유식한 멍청이는 무식한 멍청이 보다 더 대단한 멍청이이다.
필자주 학식이 높을수록, 지위가 높을수록, 사람의 소견머리는 더 좁아진다. 평범한 사람들은 그냥 참을 수 있는 것도 절대로 못 참는다. 만약 참으면 대단한 인격의 소유자로 평가 된다. 즉 평범해지면 오히려 훌륭한 사람이 되는 묘한 일이 된다.

❼ Affliction teaches a wicked person sometimes to pray; prosperity never.

> **리듬독해** Reading in Rhythm
>
> | Affliction teaches a wicked person sometimes to pray; prosperity never. | 고난은 사악한 사람을 가르친다 때때로 기도하도록; 번영은 절대로 |

어휘 affliction 고난 wicked 사악한 pray 기도하다 prosperity 번영
해석 고난은 사악한 사람을 때때로 기도하도록 가르친다; 번영은 절대로 (그렇지 않다)
필자주 원래 신앙이 없던 부자가 갑자기 신앙심이 생겨서 절이나 교회에 가서 겸허하게 기도하기란 정말 드문 일이다. 교회나 절에 가보면 열심히 그렇게 와서 기도하고 수양하지 않아도 모두 천국이든, 극락이든 갈만한 선한 사람들이 온다.

❽ A heart filled with happy thought never hear sad songs.

> **리듬독해** Reading in Rhythm
>
> | A heart filled with happy thought never hear sad songs. | 행복한 생각으로 가득찬 마음은 절대 슬픈 노래를 듣지 않는다 |

해석 행복한 생각으로 가득찬 마음은 절대 슬픈 노래를 듣지 않는다.
필자주 오히려 슬픈 노래가 더 명곡으로 여겨진다.

❾ The mechanism of friendship needs the oil of refined politeness without stopping.

> **리듬독해** Reading in Rhythm
>
> | The mechanism of friendship needs the oil of refined politeness without stopping. | 우정이라는 기계장치는 정제된 예절이라는 기름을 필요로 한다 끊임없이 |

어휘 mechanism 기계장치 refine 정제하다 politeness 예절
해석 우정이라는 기계장치는 끊임없이 정제된 예절이라는 기름을 필요로 한다.
필자주 친구는 만만한 상대가 아니라 가장 조심스럽게 대접해야 하는 상대이다. 친구로 만드는 데 5년, 적으로 돌리는 데 5분이라는 말이 있다.

❿ The pictures taken long time ago make us sometimes smile, sometimes sigh, and sometimes feel heartbroken.

> 리듬독해 Reading in Rhythm
>
> | | |
> |---|---|
> | The pictures taken long time ago | 오래 전에 찍힌 사진들은 |
> | make us sometimes smile, | 우리를 때로는 웃도록 만든다, |
> | sometimes sigh, | 때로는 한숨짓도록, |
> | and sometimes feel heartbroken. | 그리고 때로는 가슴아프게 느끼도록 |

어휘 sigh 한숨짓다 *사이 사이 한숨짓다 heartbroken 가슴 아픈
해석 오래 전에 찍힌 사진들은 우리를 때로는 웃도록, 때로는 한숨짓도록, 그리고 때로는 가슴아프게 느끼도록 만든다.

Lecture 30
to부정사

Lecture Target

❶ to부정사 용법을 쉽게 판단한다.
❷ 용법의 해석어를 정확하게 한다.

Lecture 30 01 to부정사

to부정사의 정의

1. to + 동사원형
2. 동사의 의미를 가지고 있다.
3. 명사적 용법
   형용사적 용법
   부사적 용법

Lecture 30 02 명사적 용법

명사 용법

1. `to-` + 동사 = 주어 : 명사
2. Be + `to-` = ~것 : 명사
   = 것 : 형용사 → Be to
3. 일반 `to-` = ~것 : 명사
   = 것 : 부사
4. It~ `to-` : 가주어 / 진주어

~하기, ~하는 것, ~한다는 것

Examples

❶ To love and be loved is to feel the sun from both sides.

리듬독해 Reading in Rhythm

To love and be loved is	사랑하는 것과 사랑받는 것은 ~이다
to feel the sun	태양을 느끼는 것
from both sides.	양쪽에서 모두

해석 사랑하는 것과 사랑받는 것은 양쪽에서 모두 태양을 느끼는 것이다.
필자주 1분간만 서로 눈을 쳐다 보아라. 모두의 얼굴에는 미소가 흐르기 시작한다.

❷ Early to rise, early to bed, makes a man healthy but socially dead.

리듬독해 Reading in Rhythm

Early to rise,	일찍 일어나는 것,
early to bed,	일찍 잠자리에 드는 것,
makes a man healthy	사람을 건강하게 만든다
but socially dead.	그러나 사교적으로는 죽게

어휘 rise 기상하다 socially 사교적으로
해석 일찍 일어나는 것과 일찍 잠자리에 드는 것은 사람을 건강하게 만든다, 그러나 사교적으로는 죽게 (만든다).
필자주 맑은 물에는 고기가 없으며, 자신에게 엄격한 사람에게는 친구가 드물다. 헛점은 매력이고, 무능은 동정과 도울 기회의 기쁨을 상대에게 준다. 컴퓨터를 앞에 놓고 쩔쩔매는 노 교수님을 도와 드리는 기쁨은 아주 크다.

❸ To marry is to halve your rights and double your duties.

리듬독해 Reading in Rhythm

To marry is to halve your rights	결혼하는 것은 당신의 권리를 반으로 줄인다
and double your duties.	그리고 의무는 두 배로 만든다

어휘 halve 반으로 줄이다 double 두 배로 늘이다
해석 결혼하는 것은 당신의 권리를 반으로 줄인다 그리고 의무는 두 배로 만든다.
필자주 각오하라! 당장 더블 침대가 싱글 침대로 변한다. 바깥 쪽에서 자는 남편은 침대에서 굴러 떨어지지만, 벽 쪽에서 자는 아내에게 절대 그런 일은 일어나지 않는다.

❹ All my life, I always wanted to be somebody.

리듬독해 Reading in Rhythm

All my life,	나의 전 생애에서
I always wanted to be somebody.	나는 언제나 중요한 사람이 되고 싶었다.

어휘 somebody 중요한 사람 *nobody 별볼일 없는 사람 everything 가장 중요한 일 something 중요한 일
해석 나의 전 생애에서, 나는 언제나 중요한 사람이 되고 싶었다.

Lecture 30 to부정사   275

5 If you want to be happy for a year, plant a garden; if you want to be happy for life, plant a tree.

> **리듬독해 Reading in Rhythm**
>
> | If you want to be happy for a year, plant a garden; | 만약 당신이 1년 동안 행복하고 싶다면, 원예식물을 심어라; |
> | if you want to be happy for life, plant a tree. | 만약 당신이 일생 동안 행복하고 싶다면, 나무를 심어라 |

어휘 plant 심다　garden 원예식물(주로 1년생)
해석 만약 당신이 1년 동안 행복하고 싶다면, 원예식물을 심어라; 만약 당신이 일생 동안 행복하고 싶다면, 나무를 심어라.

6 Everything's been thought of before; the problem is to think of it again.

> **리듬독해 Reading in Rhythm**
>
> | Everything's been thought of before; | 모든 것은 이전의 생각이었다; |
> | the problem is to think of it again. | 문제는 다시 그것들을 생각해야 하는 것이다. |

해석 모든 것은 이전의 생각이었다; 문제는 다시 그것들을 생각해야 하는 것이다.
필자주 할아버지에게 들었던 교훈을 지금은 손자에게 하고 있으며, 유치원 때부터 선생님께 들은 말을 지금 선생의 위치에서 똑같이 반복한다. 교육은 중단이 없이 반복 지속적이어야 하니까.

7 The greatest test of courage on earth is to bear defeat without losing heart.

> **리듬독해 Reading in Rhythm**
>
> | The greatest test of courage on earth is to | 이 세상에서 가장 위대한 용기의 척도는 ~이다 |
> | bear defeat | 패배를 감수하는 것이다 |
> | without losing heart. | 마음을 잃지 않고 |

어휘 defeat 패배　lose 잃다
해석 이 세상에서 가장 위대한 용기의 척도는 마음을 잃지 않고 패배를 감수하는 것이다.

8 It is better to light a candle than to curse the darkness.

리듬독해 Reading in Rhythm

It is better 그것이 더 좋다
to light a candle 촛불을 켜는 것이
than to curse the darkness. 어두움을 저주하는 것 보다

어휘 light a candle 촛불을 켜다 curse 저주하다 darkness 어두움
해석 촛불을 켜는 것이 어두움을 저주하는 것 보다 더 좋다.

9. It is better to train ten people, than to do the work of ten people.

리듬독해 Reading in Rhythm

It is better 그것이 더 좋다
to train ten people, 열 사람을 훈련시키는 것이
than to do the work of ten people. 열 사람의 일을 하는 것 보다

어휘 train 훈련시키다
해석 열 사람을 훈련시키는 것이 열 사람의 일을 하는 것 보다 더 좋다.
필자주 오지랖이 넓어서 남들이 할 일을 모두 참견하면, 유능해 보이지만 심신이 고달프며, 평생 종으로 살아야 한다. 그리고 다른 사람들의 무능을 탓하는 나쁜 말씨도 덤으로 얻게 된다.

10. It takes a great deal of history to produce a little literature.

리듬독해 Reading in Rhythm

It takes a great deal of history 그것은 많은 역사의 시간이 걸린다
to produce a little literature. 적은 문화를 만드는 것은

어휘 take 시간이 걸리다 produce 만들다, 생산하다 literature 문학
해석 적은 문화를 만드는 것은 많은 역사의 시간이 걸린다.

Lecture 30
03 형용사적 용법

형용사적 용법

1. 명사 + to- = 형용사
   ≠ 부사

2. Be + to- = ~것 : 명사
   ≠ ~것 : 형용사

~할, ~해야 할, ~할만 한

Be to 용법 해석어

1. **예정** ~할 예정이다, ~하기로 되어 있다
2. **의무** ~해야 한다
3. **가능** ~가능성이 있다
4. **운명** ~할 운명이다
5. **의도** ~하려면

Examples

❶ A boy anxious to mow the lawn is too young to do it.

> 리듬독해 Reading in Rhythm
>
> A boy anxious to mow the lawn   잔디를 깎고 싶어 안달이 난 소년은
> is too young   너무 어리다
> to do it.   그것을 하기에는

어휘 anxious 안달이 난 lawn 잔디
해석 잔디를 깎고 싶어 안달이 난 소년은 그것을 하기에는 너무 어리다.
필자주 철든 녀석 일 시켜 먹기는 너무 어렵다. 도대체 미꾸라지가 따로 없다. 온갖 적절한 이유를 기가 막히게 만들어 내고, 일을 해도 기꺼운 표정은 장마철 햇살만큼 보기가 어렵다.

❷ Children act like their parents in spite of every attempt to teach them good manners.

> **리듬독해 Reading in Rhythm**
>
> Children act like their parents   자녀들은 그들의 부모님들과 같게 행동한다
> in spite of every attempt   모든 시도에도 불구하고
> to teach them good manners   그들에게 훌륭한 예절을 가르치려는

어휘 in spite of ~에도 불구하고   attempt 시도하다   manners 예절
해석 자녀들은 그들에게 훌륭한 예절을 가르치려는 모든 시도에도 불구하고 그들의 부모님들과 같게 행동한다.

❸ Having some place to go to is home; Having someone to love is family; Having both is a blessing.

> **리듬독해 Reading in Rhythm**
>
> Having some place to go to is home;   가야 할 곳은 가정이다;
> Having someone to love is family;   사랑해야 할 사람은 가족이다;
> Having both is a blessing.   둘 다 가지고 있다는 것은 축복이다

어휘 blessing 축복
해석 가야 할 곳은 가정이다; 사랑해야 할 사람은 가족이다; 둘 다 가지고 있다는 것은 축복이다.

❹ In this modern age of innovation and invention, there are few moments to cherish.

> **리듬독해 Reading in Rhythm**
>
> In this modern age   이 현대 사회에서
> of innovation and invention,   혁신과 발명의
> there are few moments to cherish.   소중하게 여길 순간들은 아주 적다

어휘 modern age 현대   innovation 혁신   invention 발명   cherish 소중히 여기다   * 체리를 소중히 여기다
해석 이 혁신과 발명의 현대 사회에서, 소중하게 여길 순간들은 아주 적다.
필자주 변화의 속도에 눈이 핑핑 돌 정도이다. 3개월만 느긋하면 단번에 구세대가 된다.

❺ The hardest thing in the world to understand is the income tax.

> **리듬독해 Reading in Rhythm**
>
> The hardest thing in the world 이 세상에서 가장 힘든 것
> to understand 이해하기가
> is the income tax. 소득세이다

어휘 income 소득 tax 세금
해석 이 세상에서 이해하기가 가장 힘든 것은 소득세이다.

❻ There are three ways to obtain wealth: inheritance, luck, and hard work.

> **리듬독해 Reading in Rhythm**
>
> There are three ways 세 가지 길이 있다
> to obtain wealth: 부(富)를 얻기 위한:
> inheritance, 유산,
> luck, 행운,
> and hard work. 그리고 열심히 일하는 것

어휘 obtain 얻다 wealth 부(富)
해석 부(富)를 얻기 위한 세 가지 길이 있다: 유산, 행운, 그리고 열심히 일하는 것.

❼ Anger is like the fire extinguisher in a building — it is to be used only in case of emergency.

> **리듬독해 Reading in Rhythm**
>
> Anger is like ~ 분노는 ~과 같다
> the fire extinguisher in a building 빌딩에 있는 소화기
> — it is to be used 그것은 사용되어져야 한다
> only in case of emergency. 오직 비상시인 경우에만

어휘 anger 분노 fire extinguisher 소화기 emergency 비상사태
해석 분노는 빌딩에 있는 소화기와 같다 — 그것은 오직 비상시인 경우에만 사용되어져야 한다.

❽ Nothing in life is to be feared.: It is only to be understood.

> **리듬독해 Reading in Rhythm**
>
> | | |
> |---|---|
> | Nothing in life is to be feared: | 인생에서 어떠한 것도 두려워져서는 안 된다: |
> | It is only to be understood. | 그것은 다만 이해되어져야 한다 |

해석 인생에서 어떠한 것도 두려워져서는 안 된다: 그것은 다만 이해되어져야 한다.

❾ A flawed concept is to elect people to rule over us, then allow them the authority to take our money.

> **리듬독해 Reading in Rhythm**
>
> | | |
> |---|---|
> | A flawed concept is | 결함이 있는 개념은 ~이다 |
> | to elect people | 사람들을 선출하게 된다 |
> | to rule over us, | 우리들을 통치할, |
> | then allow them the authority | 그리고 나서 그들에게 권한을 허용한다 |
> | to take our money. | 우리의 돈을 가져갈 |

어휘 flawed 결함이 있는   concept 개념   rule over 통치하다   allow 허용하다   authority 권위

해석 결함이 있는 개념은 우리들을 통치할 사람들을 선출하고, 그리고 나서 그들에게 우리의 돈을 가져갈 권한을 허용할 수도 있다.

해설 to elect와 to allow는 병렬구조

필자주 대통령 잘못 선출하면 5년간 괴롭고, 결혼을 잘못하면 평생이 괴롭고, 자식을 잘못 가르치면, 죽어서도 괴롭다.

❿ Nothing is to be achieved without try and enthusiasm.

> **리듬독해 Reading in Rhythm**
>
> | | |
> |---|---|
> | Nothing is to be achieved | 어떠한 것도 성취되어지지 않는다 |
> | without try and enthusiasm. | 시도와 열정이 없이는 |

어휘 achieve 성취하다   enthusiasm 열정   * 큰 기업을 인수할 열정

해석 어떠한 것도 시도와 열정이 없이는 성취되어지지 않는다.

필자주 땅을 파야 물이 나오고, 하늘을 봐야 별을 딴다.

04 부사적 용법

Lecture 30

부사 용법

1. , + **to-**
2. 형용사 + **to-**
3. 부사 + **to-**
4. 명사 + **to-** = 형용사
   = 부사
5. 일반 + **to-** = ~것 : 명사
   = ~것 : 부사

부사 용법의 해석어

1. **원인** ~하니, ~하니까
2. **조건** ~한다면
3. **양보** ~한다 해도
4. **결과** to = and
5. **정도** ~할만큼 ~하기에는

해석어 구분 요령

1. **이유** must
2. **목적** 95%

Examples

❶ Love in your heart wasn't put there to stay.

리듬독해 Reading in Rhythm

Love in your heart	당신의 마음 속에 있는 사랑은
wasn't put there	거기에 있는 것이 아니다
to stay.	머물기 위해서

해석 당신의 마음 속에 있는 사랑은 머물기 위해서 거기에 있는 것이 아니다.

필자주: 무뚝뚝한 남자가 듬직한 매력남으로 여겨지던 때가 있었다. 그러나 지금은 훈남의 시대이다. "눈으로 말해요"라는 유행가도 있었지만 지금은 "입으로 말해요"의 시대인 것이다.

❷ Why should people pay good money to go out and see bad films?

리듬독해 Reading in Rhythm

Why should people pay good money	왜 사람들은 선한 돈을 지불하는가?
to go out	외출해서
and see bad films?	그리고 나쁜 영화를 보기 위해서

어휘 film 영화

해석 왜 사람들은 외출해서 그리고 나쁜 영화를 보기 위해서 선한 돈을 지불하는가?

❸ Kind words can be short and easy to speak, but their echoes are truly endless.

리듬독해 Reading in Rhythm

Kind words can be short and easy	친절한 말은 짧고도 쉬울 수가 있다
to speak,	말하기에
but their echoes are truly endless.	그러나 그것들의 메아리는 진실로 끝이 없다

어휘 echo 메아리   endless 끝없는

해석 친절한 말은 말하기에 짧고도 쉬울 수가 있다, 그러나 그것들의 메아리는 진실로 끝이 없다.

❹ Man is born to live, not to prepare for life; Life itself is so breathtakingly serious!

리듬독해 Reading in Rhythm

Man is born to live,	사람은 살기 위해서 태어났다,
not to prepare for life;	인생을 준비하기 위해서가 아니라;
Life itself is so breathtakingly serious!	인생 그 자체는 아주 숨막히게 심각하다

어휘 prepare 준비하다   breathtakingly 숨막히는   serious 심각한

해석 사람은 인생을 준비하기 위해서가 아니라 살기 위해서 태어났다; 인생 그 자체는 아주 숨막히게 심각하다.

❺ Hating people is like burning down your own house to get rid of a rat.

> **리듬독해 Reading in Rhythm**
>
> Hating people is 사람들을 미워하는 것은 ~이다
> like burning down your own house 당신의 집을 태워버리는 것
> to get rid of a rat. 쥐 한 마리를 없애기 위해서

어휘 hate 미워하다　* hat을 싫어하다　burn down 태워버리다　get rid of 없애다　rat 쥐
해석 사람들을 미워하는 것은 쥐 한 마리를 없애기 위해서 당신의 집을 태워버리는 것과 같다.

❻ In order to realize your importance, you should have a dog that will worship you.

> **리듬독해 Reading in Rhythm**
>
> In order to realize your importance, 당신의 중요성을 깨닫기 위해서,
> you should have a dog 당신은 개를 키우는 것이 좋다
> that will worship you. 당신을 경배할

어휘 realize 깨닫다　worship 경배하다
해석 당신의 중요성을 깨닫기 위해서, 당신은 당신을 경배할 개를 키우는 것이 좋다.

❼ Your children are old and smart enough to know more things than you can imagine.

> **리듬독해 Reading in Rhythm**
>
> Your children are old and smart enough 당신의 자녀들은 충분히 나이가 들고 똑똑하다
> to know more things 더 많은 것을 알 만큼
> than you can imagine. 당신이 상상할 수 있는 것 보다

어휘 imagine 상상하다
해석 당신의 자녀들은 당신이 상상할 수 있는 것 보다 더 많은 것을 알 만큼 충분히 나이가 들고 똑똑하다.

R·E·A·D·I·N·G·I·N·R·H·Y·T·H·M

❽ You can roam out of home, but should not go too far to come back.

리듬독해 Reading in Rhythm

You can roam out of home,	너는 집 밖에서 배회할 수 있다,
but should not go too far	그러나 너무 멀리 가지는 않는 것이 좋다
to come back.	돌아 오기에는

어휘 roam 배회하다

해석 너는 집 밖에서 배회할 수 있다, 그러나 돌아 오기에는 너무 멀리 가지는 않는 것이 좋다.

필자주 여러 이유로 해서 집을 멀리 떠나 있는 자식이 있으면 부모님들은 대문을 잠그지 않으며 밥상에는 그 자식 몫의 밥을 언제나 차려 놓는다. 그리고 그 자식이 좋아하는 음식에는 잘 젓가락을 대지 않는다. 그렇게 애를 태우던 자식도 부모가 되면 똑같이 한다.

❾ You must read a lot to have much knowledge of various fields.

리듬독해 Reading in Rhythm

You must read a lot	여러분들은 많은 독서를 해야 한다
to have much knowledge	많은 지식을 얻기 위해서
of various fields.	다양한 분야의

어휘 various 다양한   field 분야

해석 여러분들은 다양한 분야의 많은 지식을 얻기 위해서 많은 독서를 해야 한다.

❿ In order to see better of it, I close my eyes.

리듬독해 Reading in Rhythm

| In order to see better of it, | 그것을 더 잘 보기 위해서, |
| I close my eyes. | 나는 두 눈을 감았다 |

해석 그것을 더 잘 보기 위해서, 나는 두 눈을 감았다.

필자주 보고 싶은 사람의 얼굴은 눈을 뜨고 있을 때보다 감았을 때 더 크고, 더 뚜렷하게 보인다.

MEMO

MEMO